体づくりで差がつく50のコツ

金子憲一　監修

メイツ出版

Junior Soccer

はじめに

　文部科学省によると、現在の子どもの体力レベルは30年前よりも低いことが報告されています。一方で、身長や体重などの体格は、逆に当時を上回っています。このように、体格の向上と運動能力の低下が反比例していることは、深刻な状況であることを示しているといえるでしょう。

　主な要因に、生活水準の変化があげられます。室内で遊ぶ時間が増え、町の都市化が進むにしたがって子どもたちの遊ぶ場所が少なくなってきました。こうした時代の流れも、子どもの基礎的運動能力の低下に影響を及ぼしていると考えられます。

　本書では、現代の子どもたちに必要な基礎的運動能力を高めるトレーニングをわかりやすく紹介しています。発育・発達過程の子どもたちにとって、本来備わるはずの能力を引き出すことによって、スポーツ障害の予防、さらにはサッカーにおけるパフォーマンスの向上につながります。この本を読んで、さっそく今日からケガのない体作りに取り組んでください。

本書の使い方

本書は最初から読み進めるべき解説書ではありません。各テクニックが見開き完結となっており、みなさんの知りたい習得したい項目を選んで、読み進めることができます。

各テクニックは、それぞれ重要な3つの『ツボ』で構成され、習得のポイントを分かりやすく解説しています。

コツが分かるから覚えやすい。覚えやすいから身につきやすい。ぜひケガ防止に役立ててください。

コレが良くなる

そのテクニックを修得することで、何が良くなるのか、修正されるのかがわかります。

本文

掲載しているコツの概要を紹介しています。ねらいや方法、使用する場面などを整理することができます。

効くツボ

テクニック3つの「ツボ」で短く表現。この「効くツボ」さえおさえれば、安心のサッカーができます。

コツ No.

50項目のテクニックを掲載。すべてを覚え、ケガのリスクを減らしましょう。

コツ No.01 機能的ウォーミングアップ

肩、肩甲骨を動かして相手の当たりに負けない体を作る

コレが良くなる 肩甲骨の可動域を広くして、ボールを遠くへ投げる強い肩を作る。

正しい姿勢と柔らかい肩甲骨で、上半身の運動能力を高める

急に目の前にボールが飛んできたときなど、突発的な動きに対応するために、**肩や肩甲骨を動かして刺激を与えておきます**。

大切なのは最初の姿勢。猫背になっていたり、体が反りすぎてはいけません。背筋がまっすぐになっていることを確認しましょう。

両足のつま先を正面に向けてリラックスした状態を保ち、ヒジを肩の高さまであげさせます。肩があがったりヒジがさがったりしてしまうことが多いので、後ろから軽く支えて補助をしてください。

効くツボ
1. 左右に動かす
2. 前後に回す
3. クロールのように回す

―― **タイトル**
具体的なタイトルで、知っておきたいポイントが一目瞭然。どこからでも読み進められます。

効くツボ1・2・3
3つのツボを詳しく、わかりやすく掲載しています。しっかり身につけ、1日も早く覚えましょう。

効くツボ1
両手を組んだ状態で、大きくゆっくりと左右に動かす

胸の前で両手を組ませ、ヒジを肩の高さまであげます。顔を正面に向けたまま、腕を地面と平行に8〜10往復左右に動かします。ヒジが伸びていたり、顔が動いていたりしたら教えましょう。子どもの肩甲骨に手を添え、骨が動いているか確認してください。

効くツボ2
両手を組んだ状態で、大きくゆっくりと前後に動かす

両手を組んだまま、体の前で大きくゆっくりと回します。腕をしっかりと前に伸びていれば、肩甲骨もそれに応じて可動します。回している円が小さければ「大きな円を描こう」と声をかけてあげましょう。上から下、下から上と、肩と肩甲骨を意識させながら、2方向に8〜10回、回します。

効くツボ3
両手を組んだ状態で、クロールをするように回す

まずツボ1と同じ姿勢になります。組んだ手をまっすぐな棒と意識させ、両ヒジをクロールのように回します。前後8〜10回、回します。リラックスしながら肩の動きを意識させるために、「イチ、ニッ、サン」と一緒にリズムをとりながら行うのもいいでしょう。

🖐 Let'sやってみよう
いろいろな文字を書いてみる
クロールのように回せるということは、肩甲骨が柔らかい証拠。8の字だけでなく他の数字を書かせたり、何の文字を書いたかを当てるゲームをしたりするのも面白いでしょう。

❌ できないときはここを**チェック！**
肩に力が入っていると、肩甲骨がうまく可動しません。子どもの正面に立ち、お手本を見せてあげながら一緒に楽しく運動しましょう。

Let's やってみよう
掲載された内容が身についたら、さらにやってみてください。ケガ防止に大いに役立ちます。

できないときはここをチェック
やってみてもなかなか上手くいかない。そんな時はここを読んでみてください。落ち入りやすいミスを掲載しています。

ケガのリスクを最小限に抑えられる体を作る

姿勢が悪く、体が硬いため、ケガを起こす子どもが増えている

　「筋肉が柔らかい子どもに、肩こりなんてあるはずがない」。これが一昔前の常識でした。

　しかし、現代は体の硬さが目立ち、肩こりや腰痛、肉離れを起こす子どもが増えています。その原因は生活環境の変化や柔軟性の低下など様々。運動時間の減少で股関節が硬くなって腰痛を引き起こしたり、足首が緩くなってねんざがクセになったりするケースなどがあげられます。こうしたスポーツ障害を予防するためにも、練習の前後には機能的ウォーミングアップを行わせてください。

　サッカーの試合中におけるケガは、ときに予測不能なものもあります。競り合いながらのヘディングで着地に失敗したり、相手のタックルによって打撲や骨折したりすることもあります。起きてしまったケガはすばやく処置を行うことが大切ですが、体の機能を整えることで防げるケガもあります。そのリスクを最小限に抑えることが大切なのです。

　特に練習前のウォーミングアップは、ケガを防止するために体を準備させることが第一の目的です。パパ・ママ＆コーチは、発育期のスポーツ外傷、障害の予防をいつも念頭において指導していくことを心がけましょう。

　右ページのイラストは、半年間、練習前に機能的ウォーミングアップを行った体の変化です。わずか半年間で体の軸が安定し、左右のバランスが均等になっていることが一目でわかると思います。これを参考にして、子どもの機能改善に取り組みましょう。

練習前に機能的ウォーミングアップを半年間行った体の変化

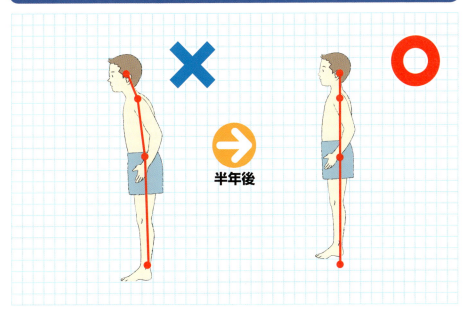

前かがみの姿勢が矯正され、くるぶしから骨盤、肩、耳の位置が、地面と垂直に結ばれています。

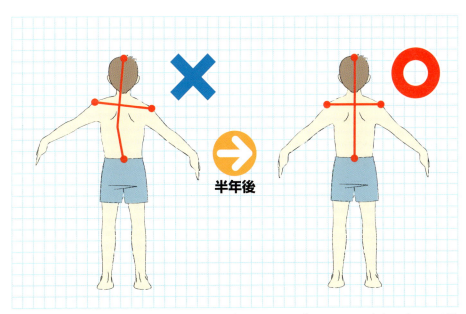

肩甲骨の高さが水平になり、頭の頂点から背骨が一本の線で結ばれています。左右のバランスが均等に保たれています。

少年サッカー ケガ防止マニュアル
体づくりで差がつく50のコツ

はじめに ……………………………………………… 2
本書の使い方 ………………………………………… 4
ケガのリスクを最小限に抑えられる体を作る ……… 6

PART 1 子どもの可能性を広げる機能的ウォーミングアップ

コツNo.01 肩、肩甲骨を動かして相手の当たりに負けない体を作る …… 12

コツNo.02 腰周囲を伸ばしてまっすぐな姿勢を作る …… 14

コツNo.03 背中全体と股関節周囲の運動で安定した体の軸を作る …… 16

コツNo.04 股関節の可動域を広げてスポーツ障害を予防する …… 18

コツNo.05 ヒザに柔軟性を持たせ走る、蹴る、ジャンプを強くする …… 20

コツNo.06 腰周囲とハムストリングスを柔軟にして機能性を高める …… 22

コツNo.07 股関節周囲とお尻を伸ばし腰痛を予防する …… 24

コツNo.08 股関節周囲とハムストリングスを刺激して、アキレス腱の炎症をケア …… 26

PART 2 ケガを防ぐための運動能力UPサッカートレーニング

コツNo.09 全身でバランスをとりスライディングでボールを奪う …… 30

コツNo.10 ジャンプ&ストップで急激な負荷にも対応する …… 32

コツNo.11 不安定な足場のジャンプでボディバランスを養う …… 34

コツNo.12 裸足のボールコントロールで重心の安定とキック技術を高める …… 36

コツNo.13 砂場で肩を押し合い全身のコーディネーション能力を養う …… 38

コツNo.14 片足3方向タッチで足腰の柔軟性とバランス感覚を養う …… 40

コツNo.15 2人で背中をつけながら重心とボールをコントロールする …… 42

コツNo.16 ケンケンしながら肩をぶつけて自分の体をコントロールする …… 44

CONTENTS

| コツ No. 17 | いろんなボールを使って
コントロールの感覚を磨く ……… 46 | コツ No. 19 | ボールを手で持って
足下に潜らせ重心をコントロール ……… 50 |

コツ No. 18　ボールの軌道と落下地点を
体で覚えて、ヘディングに生かす ……… 48

PART 3　試合後のケアが大事
ペアストレッチ

コツ No. 20　股関節のストレッチで
疲労を取り除き腰痛を防ぐ ……… 54

コツ No. 21　ヒザの屈筋を伸ばして
柔軟性を高める ……… 56

コツ No. 22　ハムストリングスのストレッチで、
急激な肉離れを未然に防ぐ ……… 58

コツ No. 23　腰周囲、背中のケアで
体の歪みを防ぐ ……… 60

コツ No. 24　内転筋群はパワーの源
こまめなストレッチでケガを防ぐ ……… 62

コツ No. 25　臀筋（でんきん）ストレッチで
「走る・跳ぶ」力を養う ……… 64

コツ No. 26　ふくらはぎとアキレス腱
しっかり伸ばし下腿部をケア ……… 66

コツ No. 27　太モモの筋肉を伸ばして
オスグッド病やジャンパーヒザを予防 ……… 68

コツ No. 28　胸筋、広背筋を伸ばして
上半身の機能を高める ……… 70

PART 4　起こりがちなケガやトラブル
外傷、障害の対策、対処

コツ No. 29　頭部打撲の応急処置は
すぐに動かさず意識状態を確認 ……… 74

コツ No. 30　鼻血が出たときは
小鼻を指で挟んで止血する ……… 76

コツ No. 31　腹部を強く打ったときは
内臓の損傷がないか確認 ……… 78

コツ No. 32　太モモの打撲は
アイシングと圧迫で処置する ……… 80

コツ No. 33　アキレス腱炎は
アイシングとストレッチで予防する ……… 82

コツ No. 34　足首のねんざは
クセにならないようアイシング ……… 84

CONTENTS

コツNo.35 足底筋膜炎は、日ごろの
ストレッチで自然治癒させる ……… 86

コツNo.36 サッカーにも多い突き指は
アイシングをし、患部を固定 ……… 88

コツNo.37 そけい部に生じる痛みは
内転筋のストレッチで改善 ……… 90

コツNo.38 擦り傷、切り傷は
ウェットな状態を保って治療する ……… 92

コツNo.39 こむら返りは
ストレッチで応急処置をする ……… 94

コツNo.40 骨折の応急処置は
添え木で固定して安静に ……… 96

コツNo.41 試合中に起こる貧血を
毎回の食事で改善する ……… 98

コツNo.42 熱中症のリスクは
こまめな水分補給で回避する ……… 100

PART 5 身近なものから見直す マテリアル活用法

コツNo.43 練習後のアイシングで
打撲やねんざのアフターケア ……… 104

コツNo.44 食べ方の工夫と睡眠で
疲労、集中力低下を避ける ……… 106

コツNo.45 こまめに水分補給させ
熱中症のリスクを軽減する ……… 108

コツNo.46 半身浴や温冷交代浴で
疲労を回復させる ……… 110

コツNo.47 ルールとマナーを知り
サッカーを純粋に楽しむ ……… 112

コツNo.48 ショルダーバッグは
左右交互にかけ替える ……… 114

コツNo.49 硬い土のグラウンドは
水をまいて柔らかくする ……… 116

コツNo.50 スパイク選びのコツは
つま先、横幅、カカトのサイズ合わせ ……… 118

コラム
メリハリをつけ、時には褒めながらサッカーの楽しみを伝える ……… 28
練習に遊びの要素を取り入れて楽しみながら運動能力を高める ……… 52
大切なのは答えを考えさせること・子どもの表情からメッセージを汲み取ること ……… 72
自分のことは自分でできるように子どもの自立心を育む指導を ……… 102

巻末特集1 ケガ予防に効果的なバランスボールを使ったトレーニング ……… 120
巻末特集2 ケガ予防に効果的なミニハードルを使ったトレーニング ……… 122
巻末特集3 自分だけのサッカーノートを作る ……… 124

※本書は2009年発行の『パパ・ママ＆コーチが必ず知っておきたい！ 少年サッカー ケガ防止のコツ50』を元に加筆・修正を行ったものです。

PART 1

肩周り、股関節、ヒザ、腰周囲とハムストリングス…
子どもの可能性を広げる
機能的ウォーミングアップ

最近のジュニア選手は、基礎的運動能力が低下し、故障が多くなっています。
体作りは、ジュニア時代から意識するべきこと。
ケガに強い丈夫な体作りを目指します。

コツNo.**01** 肩、肩甲骨を動かして 相手の当たりに負けない体を作る ……… 12

コツNo.**02** 腰周囲を伸ばして まっすぐな姿勢を作る ……… 14

コツNo.**03** 背中全体と股関節周囲の運動で 安定した体の軸を作る ……… 16

コツNo.**04** 股関節の可動域を広げて スポーツ障害を予防する ……… 18

コツNo.**05** ヒザに柔軟性を持たせ 走る、蹴る、ジャンプを強くする ……… 20

コツNo.**06** 腰周囲とハムストリングスを 柔軟にして機能性を高める ……… 22

コツNo.**07** 股関節周囲とお尻を伸ばし 腰痛を予防する ……… 24

コツNo.**08** 股関節周囲とハムストリングスを 刺激して、アキレス腱の炎症をケア ……… 26

コツ No.01 機能的ウォーミングアップ

肩、肩甲骨を動かして相手の当たりに負けない体を作る

コレが良くなる 肩甲骨の可動域を広くして、ボールを遠くへ投げる強い肩を作る。

正しい姿勢と柔らかい肩甲骨で、上半身の運動能力を高める

急に目の前にボールが飛んできたときなど、突発的な動きに対応するために、**肩や肩甲骨を動かして刺激を与えておきます。**

大切なのは最初の姿勢。猫背になっていたり、体が反りすぎてはいけません。背筋がまっすぐになっていることを確認しましょう。

両足のつま先を正面に向けてリラックスした状態を保ち、ヒジを肩の高さまであげさせます。肩があがったりヒジがさがったりしてしまうことが多いので、後ろから軽く支えて補助をしてください。

効くツボ
1. 左右に動かす
2. 前後に回す
3. クロールのように回す

効くツボ 1

両手を組んだ状態で、大きくゆっくりと左右に動かす

胸の前で両手を組ませ、ヒジを肩の高さまであげます。顔を正面に向けたまま、腕を地面と平行に 8〜10 往復左右に動かします。ヒジが伸びていたり、顔が動いていたりしたら教えましょう。子どもの肩甲骨に手を添え、骨が動いているか確認してください。

効くツボ 2

両手を組んだ状態で、大きくゆっくりと前後に動かす

両手を組んだまま、体の前で大きくゆっくりと回します。腕がしっかりと前に伸びていれば、肩甲骨もそれに応じて可動します。回している円が小さければ「大きな円を描こう」と声をかけてあげましょう。上から下、下から上と、肩と肩甲骨を意識させながら、2 方向に 8〜10 回、回します。

効くツボ 3

両手を組んだ状態で、クロールをするように回す

まずツボ 1 と同じ姿勢になります。組んだ手をまっすぐな棒と意識させ、両ヒジをクロールのように回します。前後 8〜10 回、回します。リラックスしながら肩の動きを意識させるために、「イチ、ニッ、サン」と一緒にリズムをとりながら行うのもいいでしょう。

☞ Let's やってみよう
いろいろな文字を書いてみる

クロールのように回せるということは、肩甲骨が柔らかい証拠。8 の字だけでなく他の数字を書かせたり、何の文字を書いたかを当てるゲームをしたりするのも面白いでしょう。

☒ できないときはここをチェック!

肩に力が入っていると、肩甲骨がうまく可動しません。子どもの正面に立ち、お手本を見せてあげながら一緒に楽しく運動しましょう。

コツ No.02 　機能的ウォーミングアップ

腰周囲を伸ばして まっすぐな姿勢を作る

コレが良くなる 猫背や体が反りすぎているなど、悪い姿勢がまっすぐになる。

まっすぐな姿勢を作り、腰部の機能を高める

　立位体前屈の応用で、体の背面すべてを動かす運動です。近年、運動能力の低下から、腰痛を患う子どもが増えてきました。原因は様々ですが、悪い姿勢もその一つです。腰に刺激を与えることで**骨盤のゆがみを矯正し、正常な姿勢にします**。腰やハムストリングスの筋肉が硬い子どもは、足元がグラグラしたり、下半身が左右に傾いたりしてしまいます。初めは腰と腕のあたりに手を添えて補助をし、徐々に慣れさせてあげるようにしてください。

効くツボ
1. 手を大きく前に伸ばす
2. 両手でつま先をつかむ
3. ゆっくりしゃがんで戻る

効くツボ 1

手を大きく前に伸ばしながら、体をゆっくり倒していく

両手を上に伸ばし、体をまっすぐにした状態をキープ。そのままゆっくりと体を前に倒します。そのときに大事なことは、できるだけ手を前に伸ばすこと。パパ・ママ＆コーチは横に立ち、子どもの手と腰を支えながらチェックしてあげましょう。腰骨を意識しながら曲げていきます。

効くツボ 2

ヒザを伸ばしたまま両手で両足のつま先をつかむ

腰が動いていることを意識させながら、両手をゆっくり下ろして両足のつま先を正面からつかませます。体が硬いと、上半身のバランスが崩れたり、カカトが浮いてしまったりすることがあります。初めは無理のないように腰のあたりに手を添えてあげ、徐々に慣れさせていきましょう。

効くツボ 3

両手はつま先をつかんだままゆっくりとしゃがみ元に戻る

つま先に指を入れた状態から、ゆっくりとヒザを曲げてしゃがみます。このとき、腰からお尻が伸びていることを意識させ、カカトが浮かないように注意してあげてください。最後までしゃがんだら、つま先をつかんだまま、ゆっくりと最初のバンザイの状態まで戻させます。

☞ Let'sやってみよう

できるだけ手を前に伸ばす

体を前に倒すとき、前方に手を伸ばすことで腰周りの機能をアップさせます。パパ・ママ＆コーチが横から手を添えてあげて、できるだけ大きな弧が描けるように補助をしてあげましょう。

☒ できないときはここを**チェック!**

腰とハムストリングスの筋肉が硬いと、ヒザを伸ばしたままつま先をつかむことができません。慣れるまではヒザをかかえる程度からでもOKです。

コツ No.03 機能的ウォーミングアップ

背中全体と股関節周囲の運動で安定した体の軸を作る

コレが良くなる 姿勢を正し、「恥骨結合炎」などそけい部周囲のケガを防ぐ。

強くてたくましい体は、正しい姿勢から作られる

　サッカーは体をひねってボールを蹴ることが多く、過度のストレスが股関節周囲にかかると「恥骨結合炎」や「スポーツヘルニア」といわれるケガを起こしやすくなります。予防のためにも、子どものころから**正しい姿勢を保ち、継続的なストレッチを習慣化**させることが大切です。ポイントはまっすぐな背筋。足を踏み出したときも、上半身がブレてはいけません。猫背になったり体が反りすぎたりしていたら、背中に手を添えて姿勢を正します。

効くツボ
1. 背筋を伸ばしヒザを抱える
2. ヒザをはなし踏み出す
3. まっすぐな姿勢で腰を落とす

効くツボ 1

背筋を伸ばしたまま片側のヒザを抱える

背筋をまっすぐに伸ばしたまま、片側のヒザを抱えて胸の方に引き寄せます。ポイントは立っているときの姿勢。上半身が反りすぎたり、足元がグラグラしてはいけません。バランスが悪いようであれば、「姿勢をまっすぐにして、つま先を正面に向けよう」と指摘してください。

効くツボ 2

抱えていたヒザをはなし、足を一歩大きく踏み出す

ポイントは足を踏み出すときの姿勢です。上半身が反りすぎたり、左右に傾いたりするということは、体の軸がブレている証拠。それではまっすぐな姿勢を作ることはできません。上半身は地面と垂直に、目線は正面を向いたまま、大きく一歩を踏み出していることをチェックします。

効くツボ 3

まっすぐの姿勢で腰を落とし、太モモの付け根に刺激を与える

背筋とともに意識するのは、踏み出した足と軸足のつま先です。まっすぐ正面を向いているか確認してあげましょう。その体勢のまま腰をぐっと落とすと、股関節周囲に刺激が得られます。「股関節が伸びているか？」と声をかけて、子どもに意識させることが大切です。

☞ Let'sやってみよう

意図的にプレッシャーをかける

ヒザを抱えてまっすぐに立った姿勢が安定していたら、横から肩のあたりを軽く押してみましょう。体の軸が安定していれば、外からプレッシャーがかかっても崩れません。

☒ できないときはここを**チェック！**

姿勢が悪いと、足を踏み出すときに上半身のバランスが崩れます。慣れるまでは、両手を広げてバランスを取らせてもいいでしょう。

機能的ウォーミングアップ

股関節の可動域を広げて スポーツ障害を予防する

 股関節の可動域を広げて、成長してからのケガを予防する。

相撲の四股に似たポーズで 股関節の機能を高める

　股関節周囲に多い子どものケガとして、慢性的な股関節痛や恥骨結合炎などがあげられます。障害の主な原因は、筋肉や筋組織の酷使。**日ごろから練習前の機能的な運動**を心がけ、**股関節の柔軟性**を養いましょう。

　チェックするポイントは姿勢です。猫背になっていたり、背中が反りすぎたりすると、効果的な力が股関節に加わりません。腰のあたりに手を添えて、「背筋をまっすぐに伸ばそう」と声をかけてください。

効くツボ
1. 背筋を伸ばし腰を落とす
2. 少しずつ足幅を狭める
3. 足で8の字を描く

効くツボ 1

背筋をピンと伸ばして、腰をしっかり落とす

両足のヒザとつま先を外に大きく開かせます。腰を落としてヒザの上にヒジを置き、両手のひらを合わせます。顔は正面を向いた状態が基本姿勢です。股関節の筋肉が伸びていることを意識させましょう。背筋が曲がっていないかを、横から見て確認してあげてください。

効くツボ 2

股関節の動きを意識しながら、少しずつ足幅を狭めていく

外側に向けたつま先を、カカトを残したまま内側に向けます。次につま先を残したまま、カカトを内側へ。徐々に両足を閉じさせたら次は徐々に開かせます。これを6〜8回行いましょう。NG写真のように、ヒザが内側を向いたり、お尻が浮かないように注意します。

効くツボ 3

股関節の動きを意識しながら足で8の字を描く

一人でできる股関節の運動です。初めに子どもを横向きに寝かせて、上になった方の足を少しあげさせます。体の位置が変わらないようにし、足でできるだけ大きな円を描かせましょう。これを6〜8回行います。慣れてきたら、8の字を描かせてみましょう。

☞ Let'sやってみよう
股関節の運動の応用編

腕立て伏せの姿勢から、片足を同じ側の手のひらの外側につま先を前に向けて置きます。反対側の足も行い、手のひらを地面につけたまましゃがみ、ゆっくり立ち上がりましょう。

☒ できないときはここをチェック!

股関節が硬いと良い姿勢を作ることが難しいので、まずは「ヒザとつま先の向きを一緒にしよう」と声をかけてあげましょう。

機能的ウォーミングアップ

ヒザに柔軟性を持たせ
走る、蹴る、ジャンプを強くする

 柔軟性を養い、オスグッド病などの障害を未然に予防する。

**機能的な運動とストレッチで
ヒザのケガを習慣的に防ぐ**

　ヒザを伸ばす働きを担う筋肉や腱、骨などは、総称で「伸展機構」と呼ばれています。全力で走る、ボールを蹴る、ジャンプする。これらの動きによって**筋の緊張が繰り返されると障害**が発生します。成長期の主な障害に、オスグッド病という、小学校高学年から中学生にかけて起こりやすいヒザ下の痛みがあります。けっして怖い病気ではありませんが、練習前の機能的な運動と練習前後のストレッチを欠かさず行わせ、予防を意識づけましょう。

効くツボ
1. ヒザを前後に動かす
2. ヒザを左右に動かす
3. ヒザをグルグル回す

効くツボ 1

ヒザを前後に動かして、運動機能をアップさせる

両足をそろえて立ち、軽く曲げたヒザの上に手を置いて、8〜10回前後に動かします。これでヒザに刺激を与えられえるので、練習の前には必ず行わせるようにしてください。パパ・ママ＆コーチが横で一緒に声を合わせながら、楽しく行うといいでしょう。

効くツボ 2

ヒザの動きを意識しながら左右に動かす

ツボ1と同じ姿勢から、今度はヒザを左右に8〜10回動かします。できるだけ頭が動かないように注意し、ヒザの関節が動いていることを意識させましょう。ただし、ヒザに痛みがあるときは無理をさせず、子どもが痛みを訴えたときは、必ず相談に乗ってあげるようにしてください。

効くツボ 3

右回りと左回りの2方向にヒザをぐるぐるまわす

縦と横にヒザを動かしたら、今度はグルグルと回転させましょう。右回りと左回りの2方向を8〜10回行わせます。柔軟性のあるヒザは、ケガの予防にもつながります。サッカー選手にとってヒザは命。運動の前だけでなく、日ごろからヒザの運動を心がけさせるようにしてください。

☞ Let'sやってみよう
ヒザを8の字に動かす

ヒザを回すことができたら、8の字を描くなど、いろんな角度に動かしてみます。単純な運動ですが、継続することが大切。パパ・ママ＆コーチが先にお手本を見せて、行うといいでしょう。

☒ できないときはここを**チェック!**

ヒザが伸び切っていると、左右に動かしたり回したりすることはできません。腰を落として、ヒザが軽く曲がっているかをチェックしてあげましょう。

コツ No.**06** 機能的ウォーミングアップ

腰周囲とハムストリングスを柔軟にして機能性を高める

 コレが良くなる ハムストリングスの柔軟性を養い、肉離れを予防する。

ボールを蹴る上で重要な腰とハムストリングス

ハムストリングスは太モモの裏側にある筋肉の総称で、走ったり力強いボールを蹴ったりするときに重要な役割を果たします。一方で、肉離れなどの障害を起こしやすく、その**原因は筋肉の疲労や柔軟性の欠如**です。練習前に運動機能を高め、子どものころからしっかりとケアをさせましょう。また、背面を連動させながら伸ばすので、姿勢の改善にも効果的。ふくらはぎやアキレス腱などのストレッチにもつながります。

効くツボ
1. カカトと手とおなかで三角形
2. すり足で前に進む
3. カカトが浮かないように注意

効くツボ 1

カカトと手とおなかで三角形
腰やハムストリングスを伸ばす

カカトと手のひらを地面につけて、おなかの部分を頂点にした三角形を作ります。つま先をまっすぐ正面に向け、腰が伸びていることを意識。ハムストリングスやふくらはぎ、アキレス腱が硬いと、カカトを地面につけることはできません。まずはこの姿勢をキープすることから始めましょう。

効くツボ 2

手と足の位置が重なるまで、
すり足で前に進む

カカトをしっかりつけたまま、地面をするようにして手の方に動かしていきます。足と手が近づくにつれてハムストリングスが伸びていることを実感できます。足と手の位置が重なったら、今度は後ろ向きで同様の動きをさせます。5mくらいを1往復でOKです。

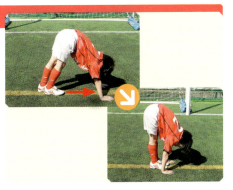

効くツボ 3

カカトが浮かないように注意
ヒザもしっかりと伸ばす

写真のようにカカトが浮いていると、ふくらはぎやアキレス腱は伸びません。すり足で前に進むときも、できるだけカカトは地面につけたままにさせましょう。またヒザが曲がっていても、ストレッチの効果は半減。「カカトをつけて、ヒザを伸ばしたまま進もう」と声をかけてください。

☞ Let'sやってみよう
手足をついた状態で尻文字

両手と両足が最も近づいた状態で、お尻を左右に振らせます。バランスが悪いと転んでしまうので注意。慣れてきたらお尻で文字を書いて、当て合いをするのも面白いかもしれません。

⊠ できないときはここを**チェック!**

ハムストリングが硬く、カカトを付けることができなければ、初めはヒザを曲げたりカカトを浮かせたまま行わせ、徐々に慣れさせてあげましょう。

コツ No.07 機能的ウォーミングアップ

股関節周囲とお尻を伸ばし腰痛を予防する

 コレが良くなる 連動した動きをすることで、子どもの腰痛を防ぐ。

股関節周囲とお尻に刺激を加えて、強い体幹を作る

昔は、筋肉の柔らかい子どもは肉離れを起こしにくいという認識でした。しかし、現実に子どもの肉離れは増えています。そこで大切なのが、機能的な運動とストレッチ。**ハムストリングスに刺激**を与えることは、**ヒザのケガの予防にも直結**します。発育過程の子どもには、常にハムストリングスを伸ばす習慣を身につけさせてください。ここでは、足を股関節から大きく動かすことで、成長してからのスポーツ障害を防ぎます。

効くツボ
1. 大きく足を前に伸ばす
2. カエル姿勢からヒザを伸ばして立つ
3. つま先とヒザは正面に向ける

効くツボ 1

大切なのは大きく足を伸ばすこと
股関節やハムストリングスを刺激

両手を肩幅に広げた腕立て伏せの姿勢から、片側の足を大きく前に出して同じ側の手の横に置かせます。できるだけ一回で、大きく足を前に伸ばすことを心がけるようにさせましょう。この姿勢をキープしたまま、股関節や内転筋がしっかり伸びていることを意識させてください。

効くツボ 2

カエルのような姿勢から
ヒザを伸ばして立ち上がる

反対側の足も同様に手の横に置き、写真のようにカエルのような姿勢になります。バランスを崩して後ろに倒れないよう注意。このときに伸びているのは、股関節周囲の筋肉。手のひらを地面につけたまま、ゆっくりとヒザを伸ばさせます。これを6〜8回行います。

効くツボ 3

つま先とヒザの角度が
外に向かないようにする

パパ・ママ&コーチが気にかけてあげるのは、つま先とヒザの角度。つま先やヒザが外側に開いていると、股関節周囲のストレッチ効果は半減します。前の足も後ろの足も向いている方向は体の正面。「つま先とヒザを正面に向けよう」と子どもたちに声をかけてあげましょう。

☞ Let'sやってみよう
手よりも前に足を伸ばす

この運動ができるのは股関節周囲が柔らかい証拠。できるだけ足を前に伸ばして、手よりも前につかせてみましょう。股関節を刺激させ、可動域を広くしてあげてください。

☒ できないときはここをチェック！

体が硬かったりバランスが悪いと、カカトが浮いてしまいます。初めは難しくても、徐々にカカトが地面から離れないように意識付けしましょう。

コツ No.08 機能的ウォーミングアップ

股関節周囲とハムストリングスを刺激して、アキレス腱の炎症をケア

コレが良くなる 習慣的にアキレス腱に刺激を与え、疲労と炎症を予防する。

ジャンプで踏み切ったときに、痛みが走ったら要注意

急な運動や繰り返しの負荷より、腱に生じた小さな断裂によって炎症を起こすのがアキレス腱炎です。また、腱を包む膜や周囲の組織が酷使によって炎症を起こすことをアキレス腱周囲炎と呼びます。初めはジャンプで強く踏み切ったときなどに痛み、悪化が進むと歩いているだけでも痛みが出てきます。**アキレス腱周囲炎は練習を休んで安静にするのが一番ですが、日ごろからのケアも大切**です。

効くツボ
1. 胸でヒザを押して伸ばす
2. 両足と股関節で三角形
3. つま先と手は正面に向ける

効くツボ 1

両足を前後に開いて、アキレス腱を伸ばす

両手を肩幅程度に開いて地面につき、片足を両手の間に置かせます。両足のつま先はまっすぐ正面を向いたまま。「胸でヒザを押すように」と声をかけ、前方にぐっと体重をかけさせます。その姿勢をキープしたまま、前足のアキレス腱が伸びていることを意識させましょう。

効くツボ 2

両足と股関節で三角形 足全体を効果的に伸ばす

手のひらを地面につけ、足を前後に開いた状態から、後ろの足のカカトを地面につけさせます。両足のヒザをゆっくり伸ばし、両足と股関節で三角形を作らせるようにさせましょう。これを6～8回行います。同じ動作を、足を入れ替えて行わせてください。

効くツボ 3

つま先と両手の角度を まっすぐ正面に向ける

両手を結んだ直線上に、足がくるようにチェックしてください。大切なポイントは、両手とつま先の角度です。つま先が左右に向いていると、足首に余計な負荷がかかってしまいます。写真のようにまっすぐ正面を向き、しっかりと地面についていることを意識させましょう。

☞ Let'sやってみよう
徐々に両足の間隔を広げる

カカトを地面につけたまま両足を伸ばすことができたら、徐々に両足の間隔を広げるようにうながしてあげましょう。アキレス腱や足全体が柔らかいと、ねんざの予防にもつながります。

❌ できないときはここを**チェック!**

体が硬いとどうしてもカカトが浮いてしまいます。上手にできるようになるまでは、両手を前に出した足のヒザの上に置いて行わせましょう。

Column#01　パパ・ママ＆コーチが心得ておくこと

メリハリをつけ、時には褒めながらサッカーの楽しみを伝える

　試合があった日は、子どもの話に耳を傾けてあげましょう。ゴールを決めたり、試合に勝つことができたのなら、一緒に喜んであげることが大切です。負けたからといって不快に感じることなく、それまでの努力を褒めてあげてください。

　けっして評論家になる必要はありません。「あのプレーがダメだった」「もっとこうしなさい」。こう言われると、子どもはかえってサッカーから逃げ出したくなるものです。

　大切なのは、子どもが自分で発想して試合に挑むこと。パパ・ママ＆コーチが与えるのはそのヒントです。例えば、一緒に氷のうを作ってあげれば、子どもは率先してアイシングをするでしょう。冷蔵庫にアイスパックを常備しておけば、それだけで子どもの意識は変わってきます。どこかが痛そうだと思ったら、一緒にストレッチをしてあげてください。

　メリハリをつけて褒めることは、自己主張のできる子どもの育成につながります。いろいろなやり方や知識を伝え、選択肢の幅を与えて考える能力を養い、長い目で子どもの成長をサポートしてあげましょう。

PART 2

スライディング、砂場で押し合い、
ボールコントロール、ケンケン…

ケガを防ぐための運動能力UP
サッカートレーニング

サッカー練習の中で気をつけたい、
ケガを予防する工夫をほどこした練習メニュー。
ケガをしない、させない体の使い方や、正確なテクニックがわかります。

コツNo.		
09 全身でバランスをとり スライディングでボールを奪う ……… 30	**15** 2人で背中をつけながら 重心とボールをコントロールする ……… 42
10 ジャンプ&ストップで 急激な負荷にも対応する ……… 32	**16** ケンケンしながら肩をぶつけて 自分の体をコントロールする ……… 44
11 不安定な足場のジャンプで ボディバランスを養う ……… 34	**17** いろんなボールを使って コントロールの感覚を磨く ……… 46
12 裸足のボールコントロールで 重心の安定とキック技術を高める ……… 36	**18** ボールの軌道と落下地点を 体で覚えて、ヘディングに生かす ……… 48
13 砂場で肩を押し合い 全身のコーディネーション能力を養う ……… 38	**19** ボールを手で持って 足下に潜らせ重心をコントロール ……… 50
14 片足3方向タッチで 足腰の柔軟性とバランス感覚を養う ……… 40	

コツ No.09 **運動能力アップトレーニング**

全身でバランスをとり スライディングでボールを奪う

 相手からすばやくボールを奪い、味方のチャンスにつなげる。

危険の少ない砂場で、スライディングを身につけよう

日本には硬い土のグラウンドが多く、スライディングには危険が付きまといます。ケガを避けようとすれば悪い癖がつき、正しいフォームは身につきません。**闇雲なスライディングは相手にケガをさせてしまう**ことがあります。サッカーを始めたばかりの子どもには、柔らかい砂場でスライディングの形を覚えさせましょう。ケガのリスクを軽減させる「受け身」を覚え、全身の身のこなし（コーディネーション）を高める効果もあります。

効くツボ
1. 手で体を支えない
2. 足首のスナップをきかせる
3. 足首を内側に曲げる

効くツボ 1

手で体を支えないようにして
全身でバランスをとる

まずは砂場でスライディングフォーム作りを行います。ポイントは手のつき方。強く地面に手首を打ち付けるとねんざや骨折につながることがあります。「手で体を支えないように」と声をかけ、全身でバランスを取るように意識させましょう。

効くツボ 2

足首のスナップをきかせて、
ボールを外に蹴り出す

蹴り足側の腰のあたりから滑り込み、足首のスナップをきかせてはじくように体の外へ蹴り出させます。足の裏でボールを止めるのではなく、蹴り出す意識を持たせてください。スライディングには勇気が必要ですが、「柔らかい砂場だから痛くないよ」とうながしてあげるといいでしょう。

効くツボ 3

足首を内側に曲げて、
ボールを囲い込んで立つ

スライディングした利き足でボールをキープし、すばやく立ちあがって次のプレーに移る練習です。ポイントはボールを奪ったあとの足首の角度。しっかりと内側に曲げてボールを囲い込み、足でボールを引っかけたままコントロールできているかチェックしてあげましょう。

☞ Let'sやってみよう
タイムを計って競争
砂場の外にラインを引き、スライディングでボールを奪ってどれくらいの早さで戻ってくるかタイムを計測してあげましょう。数字で目標を見つけると、子どものやる気にも火がつきます。

☒ できないときはここを**チェック！**
砂場とはいえ、初めは勇気が必要です。慣れるまではボールを置かず、助走もない状態で、足から滑り込む体の使い方を覚えさせましょう。

運動能力アップトレーニング

ジャンプ&ストップで 急激な負荷にも対応する

コレが良くなる 柔道の「受け身」のように、とっさの動きに備える体を作る。

動きの変化に耐える体を作りケガのリスクを食い止める

　足場が不安定な砂場でジャンプし、着地の練習をさせます。サッカーの試合では、味方のパスや相手の動きに合わせたり、逆に裏をかいたりと、常に動きに変化をつけなければいけません。**全力で走ることはもちろん、急激にブレーキをかけることも必要**です。そうした動きは一方で、筋肉に負担をかけ、ケガのリスクを高めることにもつながります。ここではそうした急激な動作にも対応できるように、ストップの動作を体に覚えこませます。

効くツボ
1. 台を設置してジャンプ
2. 片足着地でバランス強化
3. ヒザをクッションにして衝撃吸収

効くツボ 1

ベンチなどの台を設置し、思いきりジャンプする

砂場の手前に、ベンチなどの台を置きます。高さは子どものヒザよりも低いくらいでいいでしょう。グラグラと動かないように、しっかりと固定してください。その台から思いきりジャンプ。ヒザを柔らかく曲げてクッションを生かし、両足でしっかり止まることを意識させます。

効くツボ 2

片足で着地をさせて、バランス感覚を強化する

慣れてきたら、片足で着地させます。両足よりも、足にかかる負荷が大きく、バランスも取りにくいでしょう。補助をするときは、子どもの横に立って、おなかのあたりに手を入れて支えてください。左右の足を入れ替えて行わせ、子どものバランス感覚と強い足腰を養います。

効くツボ 3

ヒザをクッションにして、着地の時の衝撃を吸収する

ヒザを曲げなかったり、つま先を左右に向けたりしたまま着地をすると、ヒザや足首に強い衝撃がのしかかってくるので注意してください。体勢が大きく崩れるようであれば、両手でバランスを取らせてもOK。「ヒザをクッションのように柔らかくしよう」と声をかけてあげましょう。

☞ Let's やってみよう

反射神経に磨きをかける

5mほど先にパパ・ママ＆コーチが立ち、手をたたくなどの合図を送ります。子どもは合図を確認した瞬間にジャンプ。とっさの動作に対応できる体を作り、反射神経を養います。

☒ できないときはここを**チェック!**

着地の時にヒザが硬いと、体の重みを吸収することができません。ヒザを軽く曲げながら着地することを意識させるようにしてください。

コツ No.11　運動能力アップトレーニング

不安定な足場のジャンプでボディバランスを養う

 コレが良くなる　不安定な体勢でジャンプをし、バランス感覚を養う。

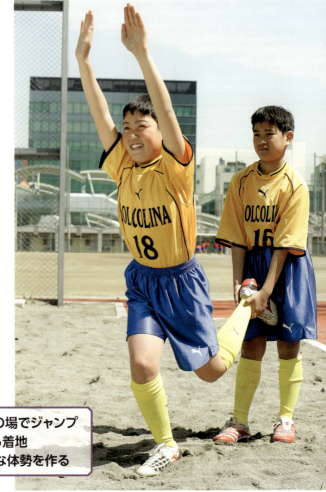

大切なのはヒザの柔軟性 軽く曲げてクッションを作る

　後ろから足を持つことで**意図的に不安定な体勢を作り、柔軟な足腰と安定性のある体の軸**を養います。チェックポイントは、ヒザの柔軟性。棒立ちにならないように、着地の時は軽く曲げてクッションを作らせます。

　また、つま先の角度にも注意してください。つま先が左右に向いたまま着地をすると、上半身はバランスを保つことができません。目線や上半身とともに、つま先がまっすぐ正面を向いていることを意識させてください。

効くツボ
1. バランスを崩さずその場でジャンプ
2. バランスを取りながら着地
3. 両手をあげて不安定な体勢を作る

効くツボ 1

バランスを崩さないで
その場で何度もジャンプする

両手を胸の前で組んだまま、ジャンプさせます。慣れてきたら、その場で何度もジャンプさせましょう。補助も大切な役目です。パートナーが簡単に手をはなしてしまうと、効果的な運動にはなりません。「しっかり補助してあげないと、練習にならないよ」と指摘してください。

効くツボ 2

片足でジャンプして
バランスを取りながら着地

背筋はまっすぐのまま両手を頭の後ろで組ませます。パートナーには後ろからできるだけ低い位置で足を支えさせるように伝えます。片足立ちの姿勢からその場でジャンプ。つま先を正面に向け、バランスを取って着地させます。うまくできたらジャンプを繰り返させてください。

効くツボ 3

両手をあげてジャンプして
意図的に不安定な体勢を作る

今度は両手をあげた状態でジャンプさせます。ツボ1よりも着地のバランスが取りづらく、左右に倒れてしまうかもしれません。「なるべく両手をあげたまま、全身でバランスを取ってうまく体勢を立て直そう」と声をかけてあげましょう。姿勢を正す体の軸と、踏ん張る力を養います。

☞ Let'sやってみよう
友だちと競争させる

一回の着地が成功したら、その場で何度もジャンプさせましょう。友だちと向かい合わせになって、どちらがどれだけ長くジャンプができるか競争しても面白いでしょう。

☒ できないときはここを**チェック!**

着地したときに、地面についた側のヒザが棒立ちになっていませんか? ヒザを軽く曲げてバランスを取り、ジャンプの衝撃を吸収させましょう。

コツ No. 12 運動能力アップトレーニング

裸足のボールコントロールで
重心の安定とキック技術を高める

 コレが良くなる 重心コントロールと、ボールコントロールの感覚を身につける。

**不安定な砂場でボールを扱い
重心の感覚を自然に養う**

砂場のような不整地では、整地に比べ反発力が得られないため、**体幹部分を含めた下半身の筋活動が多くなります**。そのため、強度は少々高くなりますが、バランス能力が養われます。

パパ・ママ＆コーチは2～3mくらい離れたところから、山なりのボールを胸や太モモのあたりに投げ、トラップさせます。上手になってきたら足元に投げ、インサイドキックやインステップキックを使ってダイレクトで蹴り返させましょう。

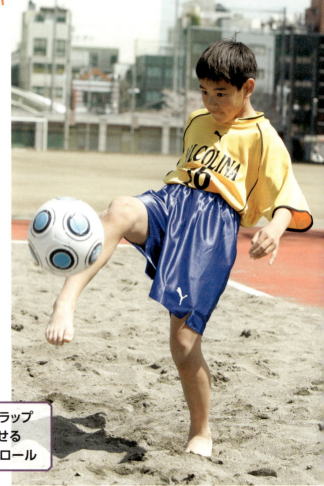

効くツボ
1. 胸や太モモを使ってトラップ
2. ダイレクトで蹴り返させる
3. 裸足でボールをコントロール

効くツボ 1

胸や太モモを使ってトラップ
軸足のバランス感覚が大切

初めは胸や太モモのあたりに投げて、子どもにトラップをさせます。パパ・ママ＆コーチがボールを投げた瞬間に、軸足のヒザを軽く曲げてバランスを取ることが大切。トラップを外にはじき出さないように、上手になるまでは弱めのボールを投げてあげるようにしましょう。

効くツボ 2

ダイレクトで蹴り返させる
キック技術の向上にもつなげる

インサイドキックやインステップキックで、ダイレクトでボールを蹴り返させます。ここでも大切なのは軸足。「ヒザを柔らかくしてバランスを取ろう」と声をかけます。ボールを待っているときも、ステップを踏んでリズムをとります。左右の足で行うようにしてください。

効くツボ 3

裸足でボールをコントロール
バランス感覚をつかませる

裸足でボールを扱うのは、スパイクを履いているときよりも難しいものです。足のインサイドやアウトサイドを使って、ドリブル感覚でボールに慣れさせましょう。上半身に力が入っているとバランスが取りづらいので、リラックスしながら楽しく行わせるようにしてください。

☞ Let's やってみよう
足のこうでトラップ

高いボールに対し、足のこうでトラップさせて体全体でボールを迎え入れるようにします。軸足が棒立ちにならないよう、何度も繰り返し感覚を身につけさせましょう。

☒ できないときはここを **チェック!**

軸足がまっすぐに伸びたままだと、全身でバランスを取ることができません。「ヒザを軽く曲げて柔らかくしよう」と声をかけてあげてください。

コツ No.13 運動能力アップトレーニング

砂場で肩を押し合い
全身のコーディネーション能力を養う

 コレが良くなる　裸足のまま砂場で押し合い、自然と全身で踏ん張る力を身につける。

肩で押し合い相撲を取ると裸足で踏ん張る力が身につく

　ラグビーのスクラムのように肩で押し合い、相撲を取らせましょう。足場の悪い砂場で踏ん張ることによって、体全体の固定力が身につきます。応用として肩を押し合っている状況でボールをコントロールさせ、成長過程に必要な身のこなし方（コーディネーション能力）を養います。

　砂場の上を裸足で走り回ることは、**足の指の神経を刺激させる**ためにも大切。自然と運動能力をアップさせます。

効くツボ
1. 相手を押しながら相撲
2. 相手と自分のバランスを知る
3. 3人でおしくら饅頭

効くツボ 1

相手を押しながら相撲
慣れてきたらボールを入れる

2人が向かい合った状態でお互いの肩をつかませ、足を前後にして押し合いをさせましょう。1mくらい後ろにラインを引き、「ここまでさがったら負け」とルールを設定。どちらかの足元にボールを置いてキープさせ、攻撃と守備の役割を与えてあげるのも面白いでしょう。

効くツボ 2

ラインから出てしまうと負け
相手と自分のバランスを肌で知る

今度は2人にボールを与えて、スクラムの状態でお互いにボールをキープさせます。地面に直径5mくらいの土俵を描いて、競争させてください。ボールをコントロールできなくなったり、ラインから出たりしたら負け。相手と自分のバランス感覚を肌で覚えさせましょう。

効くツボ 3

3人でおしくら饅頭
楽しみながら足腰を鍛える

3人で一つのボールを奪い合わせます。サッカーと同じで手を使ってはいけません。5m四方のラインを地面に描いて、外にはみ出ると負け。おしくら饅頭のように3人が背中合わせになった状態からスタートしてもいいでしょう。楽しみながら自然と足腰が鍛えらえます。

☞ Let's やってみよう
実際の試合をイメージする

ボールの保持者1人に対して2人が奪いに行くというのは、サッカーの試合でも起こりやすいシチュエーションです。「実際の試合をイメージしよう」と声をかけて意識付けしましょう。

☒ できないときはここを**チェック!**

相手を押すことを意識しすぎると、ボールが足元から離れてしまいます。「ボールコントロールがおろそかにならないように」と注意しましょう。

コツ No.14 運動能力アップトレーニング

片足3方向タッチで足腰の柔軟性とバランス感覚を養う

コレが良くなる 思い通りに体をコントロールする巧緻性とバランス感覚を身につける。

体を思い通りに動かす巧緻性を遊びの中から身につける

目で見た情報を頭で理解し、思い通りに体を動かす能力のことを巧緻性といいます。敏捷性やバランス感覚とともに、ジュニア年代では遊びの中から身につける大切な能力です。片足を固定したまま目の前の目標にタッチするには、柔軟な足腰とバランス感覚が必要です。**重心を落としてヒザを軽く曲げ**、うまくバランスを取りましょう。地面に手をついたり、つま先が動いたりしたら最初から。友だちと競争しながら、楽しく行わせましょう。

効くツボ
1. 手と反対側のボールをタッチ
2. ボール3個で体を十分にひねる
3. ヒザを軽く曲げてバランスを取る

効くツボ 1

ボールを2個置いて、体の逆側に手を回してタッチ

ボールを体の前に2個並べてセッティングします。距離は子どもの能力に合わせてください。慣れるまでは体の近くにボールを置いてもいいでしょう。片足立ちになり、右手で左側のボールをタッチし、いったん体をまっすぐに戻し、今度は左手で右側のボールをタッチさせます。

効くツボ 2

ボール3個でチャレンジ 体をひねる分だけ難しくなる

慣れてきたら、今度はボールを3つ使います。ボールを置く位置は、体の左右と正面。片足になり右手で左側のボールにタッチし、体を戻して正面のボールにタッチ。左側の手で右側のボールにタッチさせます。体を十分にひねらなければいけないので、難易度があがります。

効くツボ 3

足の裏を地面につけて、ヒザを軽く曲げる

写真のようにヒザが棒立ちになっていると、足元がぐらついてうまくバランスを取ることができません。足の裏は地面にしっかりとつけたまま、ヒザを軽く曲げて全身でバランスを取らせましょう。上手にできるようになったら、少しずつボールの距離をはなしてあげてください。

👉 Let'sやってみよう
ボール4個でタッチする
ボールを斜め前と斜め後ろに2個ずつ置いてセッティング。片足でバランスを取り、4方向にあるボールを順番にタッチ。後ろまで手を回さなければいけないので、より難しくなります。

❌ できないときはここをチェック!
上手にできるまでは、ボールよりも高さのあるコーンなどを使ってもいいでしょう。ヒザを軽く曲げて全身でバランスを取ることがポイントです。

コツ No.15 運動能力アップトレーニング

2人で背中をつけながら重心とボールをコントロールする

安定した重心を身につけることで、相手の当たりに負けない体を作る。

相手と背中で押し合うことで、意図的に不安定な体勢を作る

背中合わせになって、相手を押しながらボールを扱わせることで、重心のコントロールや力の入れ方、体の使い方などを養います。

初めは1人にボールを持たせて、利き足でコントロール。相手に押し込まれたり、ボールをコントロールできなくなったりしたら負け。簡単に倒れないように、**腰を落として軸足でしっかり体を支え**させます。

砂場で裸足で行うのも、足腰の発達に大きな効果があります。

効くツボ
1. 上半身をリラックス
2. 背中で押し合う
3. 下半身で踏ん張る

効くツボ 1

背中合わせになって腰を落とし、上半身をリラックスさせる

初めに同じくらいの身長の子ども2人で背中を合わせます。1人の利き足にボールを持たせ、しっかりと腰を落とさせます。このとき、視線は正面に向けること。慣れるまでは相手と腕を組ませてもいいでしょう。まずはこの体勢のまま静止し、リラックスさせましょう。

効くツボ 2

お互いに背中で押し合い、重心のコントロールを身につける

パパ・ママ＆コーチの合図でスタート！ お互いに背中で押し合い、ボールを持っている側に足元でしっかりコントロールさせます。相手に押し込まれたり、ボールを離してしまったりしたら負け。2つの動作を同時に行わせて、重心コントロールや身のこなし方を養います。

効くツボ 3

2人がボールを持ったらより下半身の踏ん張りを意識

2人がボールを持った状態で、背中を押し合いながらコントロールさせます。お互いボールに意識が行くことで、バランスの取り方がより難しくなります。下半身で踏ん張って、相手を押し切るまで競争させましょう。最初は利き足で行い、慣れてきたら逆の足を使わせます。

☞ Let'sやってみよう

フェイントをかけてみる

ボールを持っていない側にフェイントをかけさせます。急に力を緩めたり、左右によけたりしても面白いでしょう。それでもバランスをうまく整え、ボールをコントロールすることが大事です。

☒ できないときはここを**チェック!**

足が棒立ちになって腰が浮くと、簡単に相手に押されます。「ボールをスパイクの裏でしっかり押さえながら」とアドバイスをしてあげましょう。

コツ No. 16 運動能力アップトレーニング

ケンケンしながら肩をぶつけて自分の体をコントロールする

コレが良くなる 試合中の予測できない急なタックルやショルダーチャージに対応する。

体をぶつける習慣を身につけて重心のバランス感覚を養う

　サッカーの試合にタックルやショルダーチャージはつきものです。普段から体をぶつけ合う習慣を身につけさせることで、**予測できない状況でもバランスを取る**能力を養いましょう。

　また、片足でケンケンさせることで、意図的に不安定な状態を作らせます。バランスが崩れると両足で着地しがちですが、重心のコントロールを養うためにも片足での着地を心がけさせてください。ただし、夢中になりすぎて、痛がる前に止めさせましょう。

効くツボ
1. リズムに乗って胸をぶつけ合う
2. 腰から当たりにいく
3. ケンケンで肩をぶつけ合う

効くツボ 1

まずはリズムに乗って胸をぶつけ合う

お互いに向かい合い、「せーの」の合図で上にジャンプしながら相手の胸に自分の胸をぶつけます。ぶつかることを怖がっている子どもがいたら、「痛くないのでちゃんと目を開けてジャンプしよう」と声をかけてあげましょう。リズムに乗りながら、続けて何度も行わせてください。

効くツボ 2

肩をぶつけ合う時は腰から当たりにいく意識で

お互いを横向きにさせます。「イチ、ニ」でリズムを取り、「サン」の合図でジャンプして相手の肩に自分の肩をぶつけさせます。着地でしっかりバランスを取り、ジャンプしたときは全身の体重が乗るように腰から相手に当たることが大事。初めは両足で行わせましょう。

効くツボ 3

ケンケンで肩をぶつけ合う片足で着地しバランスを整える

横向きで肩をぶつけ合う運動を、今度は片足でケンケンの状態から行わせます。お互いに声をかけ合いながら、「せーの」のタイミングで同時にジャンプ。片足で着地し、倒れないように再びケンケンでバランスを整えます。リズムを取りながら、続けて何度も行わせます。

👉 Let'sやってみよう
片足を手で押さえる

片足を後ろにあげて両手で押さえさせて、ケンケンを行います。手も不自由になることで、意図的に不利な条件を作ります。難しい体勢でもしっかりジャンプできるバランス感覚が大事です。

☒ できないときはここを**チェック!**

片足でケンケンしながらタイミングを合わせるのは、勇気も必要で初めは難しいものです。慣れるまでは両足で行わせてもOKです。

コツ No. **17** 運動能力アップトレーニング

いろんなボールを使って
コントロールの感覚を磨く

コレが良くなる　いろいろなボールに慣れることで、柔らかいボールタッチを習得する。

感覚を研ぎ澄まして様々なボールに対応する

　日本でサッカーをする場合、ボールの大きさは小学生までが4号球、中学生以降は5号球を使用します。しかし、**発育過程の子どもに様々なボールで刺激**を与えれば、大きな効果をもたらします。

　足の裏は非常に敏感な箇所でもあり、感覚を研ぎ澄ましてボールタッチをさせることは、ケガの予防にも効果的。様々なボールを触らせてあげれば、子どものチャレンジ精神やテクニックの向上にもつながるのです。

効くツボ
1. 様々なボールで感覚を養う
2. 小さいボールでリフティング
3. 5号球でボールの感触を確かめる

効くツボ 1

様々な大きさや重さのボール
実際に触れて感覚を養う

一番右が中学生以上で使用する5号球。左は軽量ボールです。となりの4号球と比べても、大きさはまったく変わりません。スポーツショップではさらに小さいリフティングボールなども市販されています。様々なボールに触れて感覚を養いましょう。

効くツボ 2

小さいボールでリフティング
ボールの中心をとらえさせる

テニスボールでリフティングをさせます。小さく軽いボールは、少しでもコントロールを誤るとすぐに大きくはじいてしまいます。ボールが変わっても、「足の中心でボールの中心をとらえる」ことがポイント。普段と違う大きさのボールを扱うことで、楽しみながら集中力も養います。

効くツボ 3

大人が使用する5号球で、
ボールの感触を確かめる

中学生以上で使用する5号球を使ってリフティングをさせます。大切なのは、ボールの大きさや重さに変化を与えること。小学生のころから5号球に慣れておけば、中学生になっても早く馴染めるでしょう。様々なボールを足で転がしたり、引いたり、細かく触ることが大事です。

☞ Let's やってみよう
裸足でやってみよう

砂場や芝生の上で、裸足になってボールを扱わせます。素足でボールの感触を敏感に感じることが大切。思い切り蹴らずに、足のこうや内側、カカトなどでボールを細かく触らせましょう。

☒ できないときはここを**チェック！**

慣れないボールでのリフティングは難しいので、初めは足でボールを軽く転がすだけでOK。大切なのはボールの感触を感じ取ることです。

コツ No.18 運動能力アップトレーニング

ボールの軌道と落下地点を体で覚えて、ヘディングに生かす

 コレが良くなる ボールを頭に当てずに、ヘディングのタイミングを習得し、首の負担を減らす。

首にかかるストレスを軽減
ボールを頭に当てない練習方法

　ヘディング練習のやりすぎは、成長段階の子どもにとってリスクが高いといえます。その理由は、ヘディングをしたときにかかる首への過度のストレス。ボールをインパクトするときに**首を前に大きく振るため、頸椎（けいつい）を損傷**するなどの危険性があります。

　ここでは実際に頭にボールを当てないヘディングの練習方法を紹介します。ポイントは、ボールの落下地点をすばやく見つけてジャンプすることです。

 効くツボ
1. 落ちてくるボールをキャッチ
2. すばやく落下地点に入る
3. 股の間にボールを通す

効くツボ 1

落ちてくるボールをキャッチ
軌道を見極める判断力を養う

自分の足元の地面に思いきりボールを打ち付けます。跳ね返ったボールが落ちてくる位置にすばやく移動し、力いっぱいジャンプしてボールをキャッチさせます。ポイントはボールの落下地点を見極めること。何度も繰り返し、できるだけ高い位置でキャッチできるようにさせましょう。

効くツボ 2

2人1組でヘディングの練習
すばやく落下地点に入る

2人1組になり、パートナーは5mくらい離れたところから、地面に向かってボールを打ち付けます。ボールの落下地点をすばやく見つけ、力いっぱいジャンプしてできるだけ高い位置でキャッチ。パパ・ママ＆コーチは「すぐに落下地点に入って」と声をかけてあげましょう。

効くツボ 3

股の間にボールを通して
ジャンプのタイミングを覚える

ツボ2と同じ要領で、パートナーは5mくらい離れたところからボールを地面に打ち付けます。今度はボールがバウンドする瞬間に開脚ジャンプをして、股の間にボールを通させます。股間や太モモにボールを打ち付けないように、ジャンプのタイミングを覚えさせましょう。

☞ Let's やってみよう
実際のヘディングをイメージ

ジャンプして股の間にボールを通すときは、上半身をまっすぐにして行わせましょう。ボールを追って下を見てしまいがちですが、実際のヘディングをイメージさせることが大切です。

☒ できないときはここを**チェック！**

タイミングを合わせることが大切。まずは1人で軽く上にボールを投げて、それをジャンプしてキャッチさせることから始めるといいでしょう。

コツ No.19 運動能力アップトレーニング

ボールを手で持って
足下に潜らせ重心をコントロール

> **コレが良くなる** 体の重心を自在に操ることで、スポーツに必要なバランス感覚を養う。

ボールを使ってバランス強化
スポーツに必要な重心を養う

　すべてのスポーツにとって、重心のコントロールは大切な要素です。野球のピッチャーは、うまく重心を移動させて力強いボールを投げます。水泳は水をかきながら重心をコントロールすることで、前への推進力を得ています。

　重心の基本はサッカーも同じ。パワフルなシュートは、**体重をボールに乗せる**ことでできます。ここでは片足立ちからボールを使ってバランスを取り、重心コントロールを学ばせます。

効くツボ
1. 片足立ちでボールを持つ
2. しゃがみながらバランスをとる
3. 立ちあがりとボールの動きを合わせる

効くツボ 1

全身をリラックスさせて
片足立ちの姿勢でボールを持つ

片足立ちの姿勢になり、軸足とは反対側の手にボールを持たせます。ボールは4号球のサッカーボールでいいでしょう。重心をコントロールするためにも、この時点で足元がグラグラしないようにさせましょう。上半身を正面に向けて、全身をリラックス。ゆっくりと動作を開始します。

効くツボ 2

ボールを軸足の後ろから通す
ポイントは重心移動の意識

ゆっくりとしゃがみながら足を後ろに引き、ボールを軸足のヒザの後ろから通させます。このとき、ボールにつられて重心が左右にブレると、バランスを崩して倒れてしまいます。ぐっと沈み込むように腰を落として、体の重心が上から下に移動していることを意識させましょう。

効くツボ 3

ゆっくり立ちあがり、
軸足の前からボールを通す

軸足側の手でボールを持ち直して、ゆっくりと立ちあがります。今度は足を手前にあげて、あげた足と軸足の間にボールを通させます。もう一度、ボールを持ち直して、最初の姿勢に戻ります。バランスを崩さずスムーズにできるようになるまで、何度も繰り返させてください。

☞ Let's やってみよう
足場の悪い砂場でトライ

軸足を替えて行わせましょう。慣れてきたらスピーディにボールを動かせるように、友だちと競わせてもいいでしょう。また、足場の不安定な砂場で行うことで、踏ん張る力も養えます。

☒ できないときはここを**チェック**!

ボールが大きいと、なかなか股の間を通すことができません。上手にできるまでは、テニスボールなどの小さいボールから始めてもいいでしょう。

Column#02 パパ・ママ＆コーチが心得ておくこと

練習に遊びの要素を取り入れて楽しみながら運動能力を高める

　子どもの運動能力は、年々、低下傾向にあります。また、サッカーは得意だけど、野球やバスケットボールなど、ほかのスポーツは苦手という、専門分野しかできない子どもも少なくありません。

　生活習慣の変化など様々な要因がありますが、その一つに子どもが外で遊ばなくなったことがあげられます。昔はかくれんぼや鬼ごっこなど、遊びの中から体の使い方を覚えました。また、野球やバスケットボールなどをすることで、投げる能力や上半身の使い方を身につけました。日ごろから外で体を動かせば、それだけで体力が高まり風邪などの病気を自然と防いでくれます。肥満や運動不足から起こる障害も、予防できるのです。

　小学校低学年くらいまでは、練習に遊びの要素を取り入れてみてください。鬼ごっこやミニゲームをさせることが大切になります。サッカー以外のスポーツをやらせるのもいいでしょう。ボールを使って、楽しみながら基礎的な運動能力を高めることが大事。それが結果的に、子どもの伸び代を広げることにつながるのです。

PART 3

股関節、ヒザ、ふくらはぎとアキレス腱、太モモ…
試合後のケアが大事
ペアストレッチ

世代に限らず、試合で疲弊した体をケアすることは、とても大切なこと。
細やかな体への気配りを、ジュニア時代から理解させることが、
一流プレーヤーへの近道。

コツNo.20 股関節のストレッチで疲労を取り除き腰痛を防ぐ ……… 54

コツNo.21 ヒザの屈筋を伸ばして柔軟性を高める ……… 56

コツNo.22 ハムストリングスのストレッチで、急激な肉離れを未然に防ぐ ……… 58

コツNo.23 腰周囲、背中のケアで体の歪みを防ぐ ……… 60

コツNo.24 内転筋群はパワーの源 こまめなストレッチでケガを防ぐ ……… 62

コツNo.25 臀筋ストレッチで「走る・跳ぶ」力を養う ……… 64

コツNo.26 ふくらはぎとアキレス腱 しっかり伸ばし下腿部をケア ……… 66

コツNo.27 太モモの筋肉を伸ばしてオスグッド病やジャンパーヒザを予防 ……… 68

コツNo.28 胸筋、広背筋を伸ばして上半身の機能を高める ……… 70

コツ No.20　ペアストレッチ

股関節のストレッチで疲労を取り除き腰痛を防ぐ

 コレが良くなる　ストレッチで柔らかい股関節を作り、将来の足腰のケガを予防する。

柔軟な股関節で足腰のケガを予防

　プロのサッカー選手にも多い股関節のケガ。特に子どもは筋肉の付着部が弱く、ボールを蹴ったり、ダッシュ＆ストップなどの急激な動作で障害を引き起こすことがあります。

　また、**股関節の周囲は姿勢を保つための重要な筋群のターミナル**。疲労を取り除くためにも練習のあとは必ずストレッチをさせてください。大人になっても障害の多い箇所なので、子どもの時から、毎日のストレッチで股関節を柔らかくしましょう。

効くツボ
1. あお向けでヒザを抱える
2. お腹を使って股関節を伸ばす
3. 内転筋を伸ばす

54

効くツボ 1

1人で股関節ストレッチ
あお向けになりヒザを抱える

リラックスした状態であお向けになり、片側のヒザを抱えさせます。ゆっくりと胸の方に引き寄せ、体勢を10〜15秒キープ。反対側のヒザが地面から浮かないように、上から軽く手を添えてあげましょう。ゆっくりと元に戻し、反対側も同じ動作を繰り返させます。

効くツボ 2

お腹を使ってゆっくりと押し
股関節の周囲を伸ばす

ストレッチをする人の横に、補助をするパートナーを座らせます。パートナーは相手のヒザを片手で支え、足の裏をお腹に置きます。注意点は力を入れすぎないこと。伸ばした側のヒザを反対の手で軽く押さえながら10〜15秒で少しずつ力を加えさせます。

効くツボ 3

足を開いて
内転筋を伸ばす

ツボ2と同じ体勢から、ゆっくりとヒザを外に開きます。パートナーは、絶対に反動をつけたり力任せに開いたりしてはいけません。無理に股関節を開いてしまうと、逆にケガにつながることがあります。相手の顔を見ながら、ゆっくりとヒザを押しているかを確認してあげましょう。

☞ Let'sやってみよう
体のバランスキープに最適

股関節の周りには様々な臓器があり、ストレッチによって体のバランスを正常に保つことができます。ケガの予防はもちろん、O脚が治ったり、姿勢が正しくなったりするなど、効果は絶大です。

✗ できないときはここをチェック!

股関節が硬いからといって、無理やり伸ばそうとするとケガにつながります。ゆっくりでいいので、毎日続けることを心がけましょう。

コツ No.21 **ペアストレッチ**

ヒザの屈筋を伸ばして柔軟性を高める

 コレが良くなる 運動前後にストレッチをし、ヒザの屈筋の柔軟性を高めて障害を防ぐ。

ボールを蹴るときに働くヒザ 練習後はアイシングも大事

　関節を動かす筋肉は、主に伸筋と屈筋に分けられます。関節を伸ばすときに働く筋肉を伸筋、曲げるときに働く筋肉を屈筋と呼びます。サッカーはボールを蹴る機会が多く、ヒザの屈筋には特に注意が必要。**多くの筋群が集まる部位なので、常に柔軟性を高めておかなければなりません。** 試合や練習の前後には必ず十分なストレッチを行わせるようにしましょう。慢性的な痛みには、患部を温めて血液の循環をよくするのも効果的です。

効くツボ
1. つま先をゆっくり引きあげる
2. 2人1組ではパートナーが胸で押す
3. お尻が浮いていないか確認

効くツボ 1

1人で行えるストレッチ
ヒザの裏が伸びていることを意識

は じめに1人で行えるヒザの屈筋のストレッチです。片足を半歩前に出し、つま先を両手でつかませます。カカトを地面につけたまま、ゆっくりと引きあげさせます。このとき、ヒザの裏からふくらはぎの筋肉が伸びていることを意識させましょう。左右10～15秒ずつ行います。

効くツボ 2

パートナーが胸で押しながら、
ヒザの裏の筋肉を伸ばす

2 人1組で行うストレッチです。ヒザを伸ばして地面に座り、ゆっくりと息を吐きながら体を前に倒します。パートナーは後ろでヒザ立ちになり、胸で相手の背中を10～15秒押します。手で押すよりも背中全体に力がかかるので効果的。急激に力を加えないように行わせましょう。

効くツボ 3

ヒザ裏のストレッチと同時に、
ふくらはぎも伸ばす

パ ートナーはストレッチをする人の股の間にヒザ立ちで入り、片足のカカトを抱えてつま先を持ちます。ゆっくりと足を上げながら、ヒザ裏、ふくらはぎの筋肉を10～15秒伸ばします。その時ストレッチをしている子どものお尻が浮いていないか、チェックします。

👉 Let'sやってみよう
継続的なストレッチでケガ予防

マラソンランナーなど、長時間ヒザの屈伸を繰り返す人に多いのが「鵞足炎」。子どものうちはなりづらいですが、ストレッチで筋肉の緊張をほぐし、継続的にケアさせましょう。

❌ できないときはここをチェック!

練習の前後だけでなく、ストレッチは毎日継続して行わせることが大切。お風呂上りなど、体が温まっているときに行わせるのも効果的です。

コツ No.22　ペアストレッチ

ハムストリングスのストレッチで、急激な肉離れを未然に防ぐ

 コレが良くなる　ハムストリングスを伸ばして、急に起こる肉離れを予防する。

肉離れは子どもにも起きるケガ 常に筋肉の柔軟性を高めておく

　ハムストリングスは太モモの裏側にある筋肉の総称。この柔軟性が低下して筋肉が弱くなると、肉離れを起こしやすくなります。肉離れは大人だけに起こるものではありません。**年齢に関係なく、筋肉にダメージや疲労が蓄積されれば子どもにも起こり得るケガ**なのです。対策としては、運動前後のストレッチに時間をかけて行わせること。また、偏った食生活も影響を及ぼします。日ごろから体のケアを心がけさせるようにしましょう。

 効くツボ
1. スネを持ち、引き寄せる
2. 片足をヒザの下に敷き体を前に倒す
3. 足を支えてもらいストレッチ

効くツボ 1

上げた片足を両手で支え、ハムストリングスを伸ばす

地面にあお向けになり、片足を上げます。スネのあたりを両手で支えながら、ゆっくりと体の方に引き寄せ、10〜15秒キープします。そのとき、反対側の足は伸ばしたまま、できるだけ地面につけておくこと。ハムストリングスが伸びていることを意識させます。

効くツボ 2

片足をヒザの下に敷き、ゆっくりと体を前に倒す

片足を曲げて、反対側のヒザの下に敷くようにします。その体勢のまま、ゆっくりと体を前に倒して、ハムストリングスを10〜15秒を伸ばしましょう。パートナーに後ろから押してもらうと効果的。このとき、パートナーには胸を使って、背中全体を押してあげるようにさせてください。

効くツボ 3

パートナーに足を支えてもらってハムストリングスをストレッチ

あお向けになり、片足をパートナーの肩にかけます。パートナーは足が落ちないようにヒザのあたりを手で支えます。ゆっくりと前に体重をかけ、ハムストリングスを10〜15秒伸ばします。パートナーは反対の手で、伸ばしている方のヒザを押してあげるとより効果があります。

☞ Let'sやってみよう
偏った食生活に注意

肉離れの原因は筋肉の疲労やストレッチ不足だけではありません。食生活の乱れも影響を及ぼします。高カロリー高脂肪の摂取は筋肉を硬くするので、栄養のバランスを意識させましょう。

☒ できないときはここをチェック！

太モモの裏を触って、ハムストリングスの動きを実感するのもストレッチには効果的です。筋肉の動きを敏感に感じ取る意識を持たせましょう。

コツ No. **23** **ペアストレッチ**

腰周囲、背中のケアで体の歪みを防ぐ

 コレが良くなる 体幹の安定力を身につけて、腰、背中に生じる障害を予防する。

脊椎分離症に注意
体幹の安定性が大事

　子どもの腰痛に多いのが脊椎分離症です。脊椎の一部が切りはなされる症状で、10代前半から若い世代に多く見られます。**長い時間同じ姿勢で立ち続けると、負担がかかり痛みが発生します。**症状が重くなると、椎間板ヘルニアにつながることがあるので、日ごろのケアを心がけさせましょう。だらしない姿勢は腰痛を招く要因。椅子に座る時は腰を深くかけさせたりと、日ごろの生活でも気をつけさせましょう。

効くツボ
1. 腹筋を使って自力で起きる
2. 両足を頭の方に倒しゆっくり伸ばす
3. 肩の浮き上がりを押さえ腰をひねる

効くツボ 1

体育座りで転がり
腹筋を使って自力で起きる

ま ずヒザを抱えて体育座りをさせ、そのまま背中がつくまで後ろにごろんと転がります。その姿勢のまま、腹筋を使って自力で起き上がり、元に戻ります。これを10～12回行います。背筋をまっすぐに保つためにも、大切な運動です。

効くツボ 2

両足をそろえて頭の方に倒し、
腰、背中をゆっくり伸ばす

あ お向けになった状態から、つま先が地面につくまで両足を頭の方に持ってこさせます。両足はそろえたまま、しっかりと10～15秒伸ばしましょう。パートナーは後ろからヒザの後ろを支え、ゆっくりと前方に伸ばします。腰のあたりが伸びていることを意識させながら行ってください。

効くツボ 3

肩の浮き上がりを押さえ、
腰をひねってストレッチ

両 手を広げてあお向けにさせます。片足のヒザを曲げ、肩を地面につけたまま腰をひねって反対側におろします。すると背中から腰が伸ばされます。パートナーは肩が浮き上がらないように支え、反対側の手で腰を押します。左右を入れ替えて、10～15秒ずつ行わせましょう。

☞ Let'sやってみよう
椅子に座ってストレッチ

椅子に座ったまま、1人でも腰背部のストレッチはできます。椅子に浅く腰をかけ、両足を左右に大きく開きます。足の間に上体を入れ、背中を曲げます。

☒ できないときはここをチェック！

猫背は腰痛を悪化させます。座るときは腰を深くかけ、足を組むのは控えさせます。あぐらも背中に負担がかかるので注意してください。

コツ No.24 ペアストレッチ

内転筋群はパワーの源
こまめなストレッチでケガを防ぐ

 コレが良くなる 股関節の柔軟性を高めると同時に、内転筋を強化してO脚を改善する。

ボールを蹴るときに重要な働き 内転筋を強化してO脚も改善

内転筋群は恥骨筋、薄筋、長内転筋、短内転筋、大内転筋などの総称で、大腿部をコントロールして大きなパワーを有効に使う役割を果たします。しかし、ボールを蹴ったりダッシュ＆ストップを繰り返すサッカーでは、**内転筋にかかる負荷が大きくケガの危険性が高い部位**でもあります。成長過程に起きる障害を予防するためにも、内転筋と股関節の柔軟性はとても大切。O脚の改善にもつながるので、こまめなストレッチを心がけさせましょう。

効くツボ
1. 足を前後に開き内転筋を伸ばす
2. ヒザを伸ばしたまま上体を入れる
3. 両足の裏を合わせ内転筋を伸ばす

効くツボ 1

足を前後に開いてストレッチ
内転筋が伸びていることを意識

足を前後に開き、前に出した足の内側から、同じ側の手を外に出して地面につきます。両足のつま先は正面を向けたまま。この状態を10～15秒保ち、内転筋が伸びていることを意識させます。また、床に座って両足の裏を合わせ、ヒジで両ヒザを床に押し付けても効果があります。

効くツボ 2

広げた足の間に上体を入れる
ヒザはしっかりと伸ばしたまま

地面に座ったまま両足を大きく広げ、足の間に上体を倒します。このとき、ヒザが曲がってしまうと効果が半減。「ヒザを伸ばそう」と指摘してあげましょう。パートナーは後ろにヒザをついて座り、胸でゆっくりと押し、10～15秒キープ。股関節のストレッチとしても効果大です。

効くツボ 3

両足の裏を合わせて
上体を前に倒し内転筋を伸ばす

両足の裏を合わせ、両手でしっかり押さえさせます。ヒザをゆっくりと下げて、内転筋と股関節を伸ばさせます。パートナーは後ろから、胸を使って相手の背中をゆっくりと10～15秒押します。手は相手のヒザの上に軽く置く程度。無理やり押さないように気をつけさせてください。

☞ Let's やってみよう
足の間にボールを挟む

足の間にサッカーボールを挟んで、内側に向けて押します。内転筋を鍛えることで、〇脚を改善する効果もあります。ボールの代わりにクッションや布団を使用してもいいでしょう。

☒ できないときはここを**チェック!**

内転筋群の柔軟性を高めることによって骨盤や股関節が安定し、ケガをしにくい体を作ります。また、腰痛の予防や姿勢の矯正にも効果的です。

ペアストレッチ

臀筋ストレッチで「走る・跳ぶ」力を養う

コレが良くなる 股関節伸筋や腰背部をケアすると、瞬時の動作ができるようになる。

**ジャンプするときに重要な役割
股関節を安定させて姿勢を正す**

　すべてのスポーツにおいて股関節の安定は欠かすことができません。その股関節を伸ばすときに動くのが臀筋。しゃがんだ姿勢からジャンプするときに、重要な役割を果たします。

臀筋をケアしておけば、股関節の動きがスムーズになります。 そのため、体をひねったり曲げたりしても、腰部に大きな負担がかかりません。骨盤の位置を安定させる働きもあるので、臀筋を鍛えれば正しい姿勢を身につけることができます。

効くツボ
1. 太モモの裏を持ち引き寄せる
2. 足を前後に開き上体を倒す
3. お腹、足首、ヒザを支える

効くツボ 1

お尻まわりの筋肉が伸びていることを実感する

地面に背中をつけて、片側の足（写真の右足）のカカトを反対側（左側）の太モモに乗せます。（左足の）太モモの裏を両手で持ち、ゆっくりと胸の方に引き寄せます。その状態で（右足側の）お尻の筋肉が伸びていることを意識させてください。左右の足で10～15秒行わせます。

効くツボ 2

腰周囲にも効果大 腰痛予防にもつながる

足を前後に開いて、前に出した足の外側に上体をゆっくりと倒します。ヒジを地面につけて体重を前にかけ、お尻の筋肉を10～15秒伸ばします。腰まわりのストレッチにもなり、きれいな歩行姿勢を身につけるのにも効果的。腰やヒザをスポーツ障害から守ります。

効くツボ 3

2人1組のストレッチでよりストレッチ効果を高める

ツボ1の応用を、2人1組で行わせます。地面にあお向けになって両手を広げ、片足のカカトを反対側の足の太モモにつけます。パートナーはお腹に当てた相手の足の裏、足首、ヒザの3点を支えながらゆっくりと10～15秒押します。臀筋の柔軟性を高めることができます。

☞ Let'sやってみよう
椅子に座ってストレッチ

臀筋のストレッチは椅子に座ったままでもできます。椅子に浅く腰をかけ、片側の足首を反対側のヒザに乗せます。背筋をまっすぐに伸ばし、上体をゆっくり前に倒していきましょう。

☒ できないときはここを**チェック!**

ボールを後ろに蹴るときに使うヒールキック。力強いボールを蹴るためには、股関節を伸ばす働きを担う臀筋が大きな役割を果たします。

コツ No.26 ペアストレッチ

ふくらはぎとアキレス腱
しっかり伸ばし下腿部をケア

コレが良くなる 下腿部のメンテナンスを十分に行い、スポーツに必要な能力を高める。

足首の曲げ伸ばしを行い下腿部に疲労を残さない

下腿部の筋肉には、足首の関節を伸ばしたり曲げたりする働きがあります。サッカーでは**強烈なシュートを生み出すほか、コントロールの精度をアップさせます**。ジャンプをするときの発射台にもなり、スポーツをする上でとても大切。一方で、下腿部のストレッチを怠ると、カカトの軟骨部が炎症を起こす踵骨骨端炎（しょうこつこったんえん）や、足のこうの内側にある骨に痛みが生じる外脛骨障害（がいけいこつしょうがい）を起こします。柔軟性を高めて、たくましい下半身を作らせましょう。

効くツボ
1. 足首を重ねてカカトをつける
2. スネ前部の筋肉を伸ばす
3. 足首を曲げ体重をかける

効くツボ 1

疲労を残さないためにも、ふくらはぎのストレッチが大切

ふくらはぎの筋肉を伸ばすストレッチです。はじめに腕立て伏せの状態になり、足首を上下に重ね合わせます。上の足で押し、カカトを床につけるようにしてふくらはぎからアキレス腱を10～15秒伸ばさせます。疲労を次の日に残さないためにも、練習の前後には必ず行わせましょう。

効くツボ 2

スネの前部の筋肉を伸ばす 強く押し過ぎないように注意

つま先を上げるときに働くスネの前面の筋肉が前脛骨筋です。うつ伏せになり、両手を前に伸ばして片足のヒザを曲げます。パートナーは曲げた方のヒザを軽く支え、同じ側のつま先をゆっくりと10～15秒押しましょう。ただし、絶対に強く押し過ぎてはいけません。

効くツボ 3

足関節のストレッチ 足首を曲げ体重をかける

ツボ2と同じ姿勢を取り、今度は足首を逆に曲げて足関節のストレッチを行わせます。パートナーはつま先を両手で持ち、足首を曲げて真上から体重をかけます。ふくらはぎの筋肉やアキレス腱が伸びていることを意識させましょう。足首に痛みを感じたら、無理をせず中止させてください。

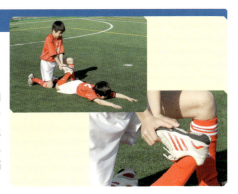

☞ Let's やってみよう
規則正しい生活が大切

寝ているときに急に足がつって肉離れを起こすケースがあります。日常で起こる肉離れの原因は、主に疲労やカルシウム不足。ケガを防ぐためにも、規則正しい食事や生活が大切です。

☒ できないときはここを**チェック!**

階段などの段差のある所で、つま先側の足半面をのせて、アキレス腱を伸ばしましょう。ぐらつく場合は壁に手をついて行います。

コツ No.27 ペアストレッチ

太モモの筋肉を伸ばして
オスグッド病やジャンパーヒザを予防

コレが良くなる 太モモの筋肉を伸ばし、オスグッド病やジャンパーヒザを予防する。

凝り固まった太モモや股関節が成長期のスポーツ障害を招く

　ぶつけてもいないのに、ボールを蹴るだけでヒザが痛む。それは、もしかしたらオスグッド病かもしれません。ヒザの前方部分に痛みや腫れが生じるオスグッド病は10〜15歳の男子に多く、**もっとも身長が伸びる時期に起きるスポーツ障害**です。同じく成長期に起きやすいのがジャンパーヒザで、ジャンプやキック、急激な動作によって生じます。原因はいずれも使いすぎによる疲労。太モモの筋肉や股関節周囲の柔軟性を高めることが大切です。

効くツボ
1. カカトをお尻につけ太モモを伸ばす
2. 足のこうを押して股関節を伸ばす
3. 足を持ち上げ股関節を伸ばす

効くツボ 1

カカトをお尻につけて太モモの筋肉を伸ばす

体を横にして寝た状態になり、上の足を曲げて足のこうを手で持ちます。カカトがお尻につくように、そのままゆっくりと引っ張らせましょう。腰が反らないように注意し、太モモの筋肉である大腿四頭筋を伸ばします。左右の足で10〜15秒ずつ行わせます。

効くツボ 2

2人1組でストレッチ太モモと股関節を伸ばす

うつ伏せの状態で片足を曲げ、横からパートナーが足のこうを押します。カカトがお尻につくように、ゆっくりと力を入れさせ10〜15秒キープ。そのとき、パートナーは相手のヒザの下に反対側の手を回し、太モモの裏をつかませます。これによって、股関節のストレッチにもなります。

効くツボ 3

伸ばした足を持ち上げて股関節をしっかり伸ばす

パートナーはうつ伏せになった相手のお尻を片手で支え、ヒザを伸ばしたまま股関節から足を持ち上げます。このとき、パートナーは自分の手で、相手のお尻が浮き上がらないようにお尻を押さえます。お尻が浮くまで足をあげると腰を痛めてしまいます。

☞ Let'sやってみよう

ジャンパーヒザに注意

ジャンプやキック、急激なストップなどを繰り返すことによって生じるのがジャンパーヒザです。原因は大腿四頭筋の柔軟性低下。予防には大腿四頭筋のストレッチとアイシングが必要です。

☒ できないときはここを**チェック!**

大腿四頭筋や股関節屈曲にかかわる筋群の柔軟性が低下すると、腰痛にも発展することがあります。練習の前後は必ずストレッチをさせましょう。

コツ No.28 ペアストレッチ

胸筋、広背筋を伸ばして上半身の機能を高める

 コレが良くなる 上半身の柔軟性を高め、肩こりなどからくる障害を予防する。

子どもに増えてきた肩こり 上半身を柔軟にして解消する

近年、生活習慣の変化によって、子どもの肩こりが増えてきました。パソコンやゲームに夢中になったり、学校や塾で机に向かう時間が多くなったりしたことがその原因と考えられます。肩こりなどにならないようにするためにも、上半身の柔軟性を保っておくことが大事。ポイントになるのが胸筋や広背筋、肩関節周辺筋群の柔軟性です。**また、これらの柔軟性が低下すると、プレーにも悪影響を与えます。**日ごろから入念にストレッチを行わせることが大切です。

効くツボ
1. 後ろで手を組み後方に引く
2. 後ろから引っ張ってもらい伸ばす
3. 肩の下を持って引きあげる

効くツボ 1

1人で胸筋のストレッチ
肩に力が入らないように

両手を後ろで組み、胸を張ったまま10〜15秒ゆっくりと手を後方に引いていきます。その時、肩甲骨の動きを意識させてください。後ろで手が組めない時は、タオルの両端を持って行わせてみましょう。頭の上で手を組み、手のひらを上に突き上げても、胸筋のストレッチにもなります。

効くツボ 2

後ろ斜め上に引っ張ってもらい
大胸筋を伸ばす

胸筋、広背筋、肩関節周辺筋群のストレッチです。足を伸ばして地面に座り、頭の後ろで両手を組ませます。補助をするパートナーは後ろに回り、両腕を持って下から10〜15秒引きあげます。急に引っ張らないよう、2人で呼吸を合わせ、リラックスして行わせます。

効くツボ 3

練習前後のストレッチで
肩こりの改善につなげる

ツボ2と同じ運動を、両手をあげた姿勢で行わせます。ストレッチをする側は両足を伸ばして地面に座り、両手を上げます。パートナーは後ろから相手の腕の間に体を通し、肩の下あたりを持って引きあげます。練習前後に必ず行わせ、肩こりの予防や解消につなげましょう。

☞ Let'sやってみよう
心肺機能の向上につなげる

胸筋を伸ばすことで肺や心臓を守る胸郭にも効果があります。胸郭の柔軟性を高めれば、心肺機能の向上にもつなげることができます。

☒ できないときはここを**チェック!**

長時間机に向かうときは、時々、胸筋のストレッチをさせましょう。肩こりには、脳への血流を制限させるので、定期的に行わせましょう。

Column#03 パパ・ママ&コーチが心得ておくこと

大切なのは答えを考えさせること・子どもの表情からメッセージを汲み取ること

　考える力を育てるためには、**答えを与えてはいけません**。答えを考えさせることが大切です。「なぜ？」「どうして？」と、**問いかけの指導**を心がけましょう。

　子どもたちは集団行動の中で、自分の役割を考えます。周りを見る目を養い、自ら行動を起こすことを学びます。しっかりあいさつをするなど、その場に応じて何をしなければいけないのかを感じるのです。

　指導者の方々は、**毎日全員と話す**ことを心がけてみてはいかがでしょうか。子どもの顔色をうかがうだけで、今日は調子が悪いのかなと思うことがあります。積極的に前に出られない子どもも、内に秘めたものを持っているかもしれません。何げない会話の中から子どもが発するメッセージを汲み取り、考える力をプラスの方向に向けてあげてください。

　考える力はサッカーの試合でも、大いに反映されます。ボールを持ったときに、自らドリブルで仕掛けるのか、パスをして味方に預けるのか。チームの守備に問題はないか、自分はどこをカバーすればいいか。そうした**判断力を妨げない**ことが、育成には大事なことなのです。

PART 4

鼻血、ねんざ、擦り傷や切り傷、貧血…
起こりがちなケガやトラブル
外傷、障害の対策、対処

サッカーでよくみられる外傷、障害を学び、その対策と対処法を学びます。
正しい知識とやり方を知ることが、
子ども本人だけでなく、親や指導者にとっても必要です。

コツNo.		
29	頭部打撲の応急処置は すぐに動かさず意識状態を確認	74
30	鼻血が出たときは 小鼻を指で挟んで止血する	76
31	腹部を強く打ったときは 内臓の損傷がないか確認	78
32	太モモの打撲は アイシングと圧迫で処置する	80
33	アキレス腱炎は アイシングとストレッチで予防する	82
34	足首のねんざは クセにならないようアイシング	84
35	足底筋膜炎は、日ごろの ストレッチで自然治癒させる	86
36	サッカーにも多い突き指は アイシングをし、患部を固定	88
37	そけい部に生じる痛みは 内転筋のストレッチで改善	90
38	擦り傷、切り傷は ウェットな状態を保って治療する	92
39	こむら返りは ストレッチで応急処置をする	94
40	骨折の応急処置は 添え木で固定して安静に	96
41	試合中に起こる貧血を 毎回の食事で改善する	98
42	熱中症のリスクは こまめな水分補給で回避する	100

コツ No.29 外傷、障害の対処法

頭部打撲の応急処置はすぐに動かさず意識状態を確認

 パニックにならないように、応急処置、救急法を覚えておく。

意識があっても安心せず、必ず医師の診断を受けさせる

　頭部の打撲はヘディングで競り合ったときなど、試合中によく起こります。**意識不明や、鼻や耳からの出血があったら、すぐに救急車を呼びましょう。**その場では、氷を入れた袋や濡れタオルで頭を冷やします。呼吸などを確認し、なければすぐに人工呼吸などの蘇生法を行います。嘔吐が見られる場合は、のどにつまらないように体の右を下にして横向きの姿勢で寝かせます。脳震とうを起こした場合は、早急に専門医の診察を受けさせてください。

効くツボ
1. 呼吸や意識を確認
2. 指で圧迫して止血
3. 包帯などを巻いて圧迫

効くツボ 1

子どもの顔に近づいて意識状態を確認する

顔を近づけて子どもの呼吸や意識状態を確認します。意識不明、鼻や耳から出血、左右の瞳孔の大きさが異なる場合は頭蓋内出血が予測されます。すぐに救急車を呼んでください。嘔吐が見られる場合は、頚椎の損傷にも注意し、体の右側を下にした姿勢で寝かせ、気道を確保します。

効くツボ 2

指や清潔なガーゼで傷のふちを押さえ、圧迫して止血する

頭皮には数多くの血管が走っているため、切り傷の場合は多量の出血がみられることがあります。まずは傷のふちを、指や清潔なガーゼなどで押さえて止血してください。子どもはすぐにグラウンドに入りたくなりますが、無理をしないように休ませましょう。

効くツボ 3

清潔なガーゼを当てたまま、包帯などで圧迫する

傷がある箇所に清潔なガーゼを当てたまま、包帯などを巻いて圧迫します。包帯がなければ、大きめのタオルでもいいでしょう。押さえてあるガーゼが外れないように、しっかりと固定してください。骨折の疑いがあるときは、早急に救急車を呼んで専門医の診察を受けさせてください。

☞ Let'sやってみよう
脳震とうは休養期間を設ける

一度目の脳震とうから短期間でもう一度脳震とうを起こすと、「セカンドインパクトシンドローム」という重篤な状態に陥ります。軽度であっても必ず一週間以上の休養期間を設けてください。

☒ できないときはここを**チェック!**

頭部の打撲は、数日後に吐き気やめまいを覚えることもあります。子どもが練習に出たいと言っても、「休むことも練習のうち」と説得しましょう。

コツ No.30 外傷、障害の対処法

鼻血が出たときは小鼻を指で挟んで止血する

コレが良くなる 試合中に出た鼻血をすぐに止めて、早く試合に復帰する。

上を向くと鼻血を飲み込み、おう吐の危険があるので注意

　昔は鼻血が出ると、上を向いて首の後ろをトントンとたたいていました。しかし、この方法は絶対にやってはいけません。上を向くと鼻血を飲み込んだり、嘔吐したりすることがあります。まずは血がのどに回らないように、前かがみの姿勢にさせましょう。**両側の小鼻を親指と人差し指で挟んで、5～10分間しっかり押さえ続けます。**ティッシュなどの鼻栓を取り除くときは、固まった血の塊を一緒にはがしてしまうことがあるので注意します。

 効くツボ
1. 下を向き15分を目安に圧迫
2. ティッシュを丸めて鼻栓
3. 首の後ろをたたくのはNG

効くツボ 1

下を向いて小鼻を指で押さえ
5～10分強く圧迫させる

まずはのどに血が回らないように下を向かせます。上を向くと気分が悪くなって嘔吐することがあります。次に親指と人差し指で、小鼻を挟ませてください。このとき、骨の硬い部分ではなく、柔らかい部分を強く圧迫させること。このまま5～10分、しっかり押さえさせましょう。

効くツボ 2

ティッシュを丸めて鼻栓
取り除くときに注意させる

血が止まって試合や練習に戻るときは、ティッシュを丸めて鼻栓を詰めさせます。ティッシュを取り除くときは、固まった血の塊を一緒にはがしてしまい、再び同じ部位から出血してしまうことがあるので注意してください。様子を見ながら丁寧に取り除くようにさせましょう。

効くツボ 3

首の後ろをたたくのはNG
鼻血を飲み込まないように注意

昔はよく目にした光景ですが、鼻血が出た子どもに上を向かせて、首の後ろをトントンとたたく方法は絶対にNGです。上を向くと鼻血を飲み込んでしまい、固まった血がのどをふさいでしまうことがあります。応急処置で止血しないときは、鼻骨骨折の疑いがあるので注意してください。

☞ Let'sやってみよう
冷やして鼻血を止める

下を向いて指で小鼻をしっかり押さえておけば、鼻血は止まります。このときに、氷のうなどで鼻を冷やすと、血管が収縮して止血の効果が高まります。冷やしたタオルでもいいでしょう。

☒ できないときはここを**チェック！**

止血は小鼻を親指と人差し指でつまみます。上手にできないようであれば、「水にもぐるときをイメージしよう」と声をかけてあげましょう。

外傷、障害の対処法

腹部を強く打ったときは内臓の損傷がないか確認

> 子どもの意識確認をすばやく行い、症状に応じて適切に対応する。

もっとも危険な内臓の損傷 場合によってはすぐに救急車

接触プレーが多いサッカーでは、腹部を打撲するケースが多く見られます。腹部は筋肉に覆われており、骨格で保護されていません。そのため、**内臓を損傷する危険性があるので注意が必要**です。まずは「呼吸ができるか」「どれくらいの痛みなのか」を子どもに問いかけましょう。特に内臓を損傷しているときは、ショック症状を起こしやすくなります。内臓を損傷している場合はすぐに救急車を呼び、待っている間は動かさないようにしてください。

効くツボ
1. 意識状態を確認、6時間以上安静に
2. ストレッチしたり氷のうで冷やす
3. ショック症状を起こしたら救急車

効くツボ 1

まずは子どもの意識状態を確認 6時間以上は安静にさせる

まずは子どもの状態を見て、ショック症状がないかを確認しましょう。痛みがある箇所を押して、筋肉が硬くなるときは危険信号です。また、損傷した箇所によっては、すぐに症状が出ないこともあります。腹部を打撲したときは、6時間以上は安静にしておいた方がいいでしょう。

効くツボ 2

腹部の筋肉をストレッチ 氷のうで冷やしても効果的

軽い打撲で症状が安定していれば、腹部を伸ばすことで痛みが軽減されることがあります。2人1組で背中合わせになり、腹部の筋肉を伸ばしてください。お腹を氷のうや冷たいタオルで冷やしてもOK。ただし、冷やしすぎると腸内環境のバランスが崩れるので注意してください。

効くツボ 3

ショック症状を起こしたら、すぐに救急車を呼ぶ

全身が酸欠状態になっていることを、ショック症状と言います。顔面蒼白、冷や汗、荒い呼吸、唇が紫色に染まる、呼吸が荒くなるなどの直前症状が見られます。そんなときは、一刻を争う重症だと認識してください。すぐに救急車を呼び、病院に搬送してもらわなければいけません。

☞ Let'sやってみよう
すぐに救急車を呼ぶ

内臓の損傷は生死に関わるほどの危険な状態です。現場でできることはありません。すぐに救急車を呼び、待っている間はシャツの胸をはだけてゆったりさせ、動かさないことが大切です。

☒ できないときはここを**チェック!**

意識、脈拍、血圧、呼吸数の乱れなどは、異常を示すサインです。どれか一つでも当てはまるものがあれば、危険信号だと思いましょう。

| コツ No.32 | 外傷、障害の対処法 |

太モモの打撲は
アイシングと圧迫で処置する

 適切な応急処置と継続的なケアで、できるだけ早く練習に復帰する。

**サッカーに多い太モモの打撲
継続的なケアを心がけさせる**

太モモに力を入れたときにグッと盛り上がる筋肉。これが大腿四頭筋で、**ボールを蹴ったりジャンプしたりするときに非常に重要な役割を担います。**また、骨盤にもつながっており、股関節を動かす働きもあるのです。大きな筋肉であるため、相手とぶつかったり転倒したりして強打すると、ヒザを曲げ伸ばしするだけで強い痛みを伴います。

早く回復するためにもアイシングと圧迫を繰り返し、継続的なケアを心がけさせましょう。

効くツボ
1. 一時的な処置ならコールドスプレー
2. アイシングは20分が目安
3. ラップで巻いてしっかり固定

効くツボ 1

一時的な処置には、コールドスプレーも便利

試合中など一時的に痛みを緩和させることが必要な場面では、コールドスプレーが便利です。患部から20cmほどはなし、3秒程度噴射。ただし、同じ箇所に当てすぎると、凍傷につながることがあるので注意してください。試合が終わったら、きちんとアイシングをさせましょう。

効くツボ 2

アイシングは応急処置の基本 20分の圧迫が目安

アイシングは20分以上、または20分以下でも痛みの感覚がなくなる程度まで行います。ビニール袋に氷を入れた氷のうやアイスパックなどでしっかり圧迫させます。40分ほど間を置き、また20分アイシング。これを繰り返します。痛くない範囲で、ヒザを曲げて行わせてください。

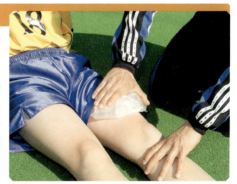

効くツボ 3

ラップで巻いてしっかり固定 アイシングと同時に圧迫を行う

出血や炎症を抑えるためにも、アイシングと同時に圧迫を行わせます。ラップなどを巻いてしっかり固定しておきましょう。アイシング用のラップも市販されていますが、家庭用のラップでも十分です。打撲を負ったときは、アイシングと圧迫を2日間くらい定期的に行うといいでしょう。

☞ Let's やってみよう
ケガの程度を知る

ケガの程度を測る判断基準として、ヒザの関節がどれくらい曲がるかが一つの目安になります。うつ伏せの状態でヒザを曲げ、ヒザの裏側の角度が90度以上あると重症といえます。

☒ できないときはここをチェック!

打撲の応急処置にアイスマッサージもあります。痛みのある箇所をアイスパックなどで押さえながら、ゆっくりと動かしてあげましょう。

| コツ No.33 | 外傷、障害の対処法 |

アキレス腱炎は
アイシングとストレッチで予防する

 コレが良くなる 継続的なケアを心がけさせて、慢性的な障害になることを防ぐ。

走って痛みが出れば要注意 我慢せず安静が一番大事

アキレス腱はふくらはぎの筋肉とカカトの骨をつないでおり、人体の中でももっとも太く長い腱です。ここに繰り返しの負荷がかかり、小さな断裂などの炎症を発生するのがアキレス腱炎。使いすぎなどの疲労によって起こる障害で、走っているとアキレス腱に圧痛が生じます。痛みと腫れが慢性化しやすいため、**我慢せず安静にさせておくのが一番の治療法**。運動前後のストレッチを念入りに行い、アイシングで十分なケアをさせることが大事です。

効くツボ
1. アキレス腱炎は継続的にケア
2. 氷水を張ったバケツでアイシング
3. ふくらはぎを十分にストレッチ

効くツボ 1

気づきにくいアキレス腱炎
大事なことは継続的なケア

初めは痛みの症状を感じることはそれほどありません。初期段階では時間の経過とともに痛みは徐々に和らぎます。しかし、障害に気づかないまま運動を続けることは非常に危険。無理をして運動を続けていると、腫れと痛みが慢性化するので、継続的なケアを心がけさせましょう。

効くツボ 2

氷水を張ったバケツを用意
足を入れてアイシングする

氷水を張ったバケツに、足を入れておきます。これだけでもアイシングの効果は抜群です。20分程度が目安で、感覚が無くなったら終了。氷のうやアイスパックを痛いところに当てておいてもＯＫ。アキレス腱炎の疑いがあるときは、試合や練習のあと継続的に行わせます。

効くツボ 3

ストレッチは障害予防に最適
ふくらはぎを十分に伸ばす

柔軟性の低下もアキレス腱炎の主な原因。練習前後のストレッチは欠かすことができません。足を前後に開いて、前の足のヒザに両手を置き、体を前に倒しながらふくらはぎの筋肉であるひらめ筋を伸ばします。足を前後に開いた状態で、壁に手をついて行ってもいいでしょう。

☞ Let's やってみよう

インソールを敷く

底が硬い靴や足に合わないスパイクを履き続けていると、アキレス腱炎になることがあります。衝撃を吸収する靴を履いたり、スパイクにインソールを敷いたりすることも、再発予防の一つです。

☒ できないときはここを**チェック！**

アキレス腱を包む膜や、その周囲が炎症するアキレス腱周囲炎。使いすぎによる疲労が要因なので、ストレッチとアイシングでケアさせましょう。

コツ No.34　外傷、障害の対処法

足首のねんざはクセにならないようアイシング

 コレが良くなる　日ごろのアイシングで、足首が緩みクセになりやすいねんざを防ぐ。

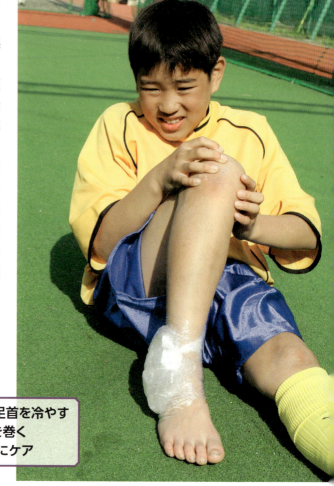

**サッカーに起こりやすいねんざ
アイシングで応急処置をする**

　足首のねんざはもっとも起こりやすいスポーツ障害で、便宜上、3つの重篤度に分類されています。じん帯が完全に断裂したとき（3度）、部分的に切れた状態（2度）、断裂箇所はないもののじん帯が伸びた状態（1度）。中でも一番厄介なのが、1度に値する軽度のねんざ。**じん帯が切れずに緩んだ状態になっており、ねんざが習慣化する要因**ともいわれています。応急処置としてのアイシングをしっかり行わせましょう。

 効くツボ
1. 氷が入ったバケツで足首を冷やす
2. 氷のうを当てラップを巻く
3. 市販の道具で継続的にケア

効くツボ 1

足首をひねったときは、氷が入ったバケツで足首を冷やす

足首をひねったときや腫れが見られるときは、氷水を張ったバケツに足を入れておくのも、応急処置としては効果があります。練習のあとや痛いと思ったときに、目安として20分ほど。手軽な上に、足首全体を冷やせるので、継続的なケアをする際には必ず行わせましょう。

効くツボ 2

患部をアイシングして、腫れや炎症をコントロール

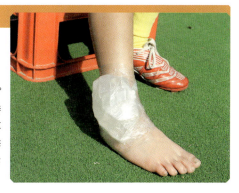

痛みがあるところに氷のうを当てて、ラップなどを巻いて圧迫させます。目安となる時間は20分。一度外して40分ほど間を空け、再び20分間アイシングをさせます。この状態で挙上（心臓より高い位置にあげておくこと）しておけば、腫れや炎症を抑えます。

効くツボ 3

市販の道具を使って、足首を継続的にケアする

市販されているU字パッドも非常に便利です。中に氷が敷き詰められており、足首をしっかり固定。この状態で心臓よりも高い位置にあげておけば、RICE処置（応急処置に必要な4原則の頭文字を取った言葉）としても有効な方法です。すみやかな競技復帰を目指させましょう。

☞ Let'sやってみよう
タオルギャザー

床にタオルを敷き、端に足を乗せます。足の指を使って、タオルを手前にたぐり寄せましょう。タオルギャザーと呼ばれるトレーニングですが、足首の強化にも非常に効果があります。

☒ できないときはここをチェック!

足首のねんざは完治するまでに1ヶ月以上かかるケースもあります。初期段階から無理をしないように、慎重に治療を継続させましょう。

コツ No.35　外傷、障害の対処法

足底筋膜炎は、日ごろのストレッチで自然治癒させる

コレが良くなる　使いすぎの疲労からくる足底筋膜炎を、ストレッチで予防する。

バネの役割を担う足底筋膜 早期治療で痛みを取り除く

　足の指先を反らしたときに、土踏まずの中央からカカトのあたりに痛みが出たら要注意。**カカトの裏から母指球をつなぐ筋肉が炎症を起こす症状が足底筋膜炎**です。足底筋膜はバネの役割を担い、走ったりジャンプしたりしたときの衝撃を吸収する上でも非常に重要です。使いすぎによる疲労が主な要因ですが、先天的には偏平足やX脚の人がなりやすいと言われています。ストレッチやマッサージをしっかりと行わせましょう。

効くツボ
1. 症状が和らいでも注意
2. 親指を使ってマッサージ
3. 指をスネの方に反らせストレッチ

効くツボ 1

朝起きて一歩目で痛みが出る
症状が和らいでも注意が必要

写真で指し示しているところが、痛みの出る箇所です。朝起きて、一歩目で痛みが出たら注意が必要。しばらくすると痛みは引き、日中も症状を軽く感じるのが特徴です。しかし、急な運動で体重をかけたときに痛みが増せば、足底筋膜炎のサインです。

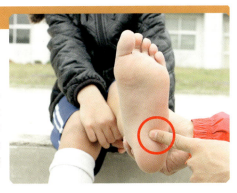

効くツボ 2

親指を使ってマッサージ
できるだけ硬い床は歩かせない

痛みがある箇所を親指のハラで押しながら、マッサージをさせましょう。水で濡らしたブロック氷を患部に押し当てて、ゆっくり動かしてもアイスマッサージの効果が得られます。一番は患部を休めること。治療をしている間は硬い床面を裸足で歩かせないようにしてください。

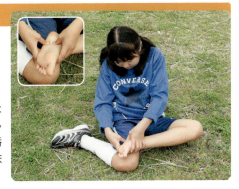

効くツボ 3

足の指をスネの方向に反らせる
ストレッチで早期治癒を目指す

治癒を早めるにはストレッチが効果的。片ヒザを地面についてしゃがみ、足の指を反らすようにして伸ばします。また、腕立て伏せの姿勢から痛みがある方の足を後ろに伸ばし、カカトからしっかりと伸ばさせます。座って手でつま先を持ち、足の指を反り返らせる方法もあります。

☞ Let's やってみよう

インソールを靴に敷く

先天的に足底筋膜炎になるケースもあります。その場合は靴の中にヒールウエッジやアーチサポートと呼ばれるインソールを敷いて、足底筋膜の緊張を和わらげる方法があります。

☒ できないときはここを **チェック!**

9割以上が3ヶ月から3年で治るといわれている足底筋膜炎。ストレッチなど日ごろのケアを心がけ、自然治癒させるのが一番です。

コツ No.36 外傷、障害の対処法

サッカーにも多い突き指はアイシングをし、患部を固定

コレが良くなる すばやく症状を確認してアイシング。患部を固定して治療する。

損傷の程度と状態は様々
痛みとケガの症状は比例しない

　野球やバレーボールなど手を使うスポーツに多い突き指ですが、ＧＫがいるサッカーもけっして無縁ではありません。指に強い力が加わって発生する突き指も、損傷の程度や状態は様々です。痛みの具合が、ケガの症状に比例しないことを認識しておきましょう。

　突き指の治療は、何よりも迅速に行うこと。症状を悪化させることがあるので、安易に引っ張ってはいけません。応急処置として**アイシングを行い、患部を固定させる**のが基本です。

効くツボ
1. 痛みや腫れの具合を確認
2. 氷水に患部を入れる
3. 絶対に引っ張らない

効くツボ 1

頻繁に起こりやすい突き指
けっして安易に考えない

ボールをキャッチするときに生じやすい突き指。スポーツ障害の代表格ですが、けっして軽視してはいけません。場合によっては骨折や腱断裂などに至るケースもあるのです。目に見える症状としては、腫れや内出血があります。まずは痛みや腫れの具合を確認するようにしてください。

効くツボ 2

治療の基本はアイシング
氷水を張った紙コップに指を入れる

患部が腫れているのは、血管が傷ついて出血が起こっているためです。治療の基本はアイシング。氷のうなどで患部を冷やすことを心がけさせましょう。氷水を入れた紙コップに、患部を入れてもいいでしょう。アイシングのあとは患部をテーピングなどで固定しておきます。

効くツボ 3

突き指は絶対に引っ張らない
骨折などの後遺症に注意

脱臼やじん帯損傷など症状を悪化させる恐れがあるので、安易に引っ張らないように注意してください。また、後遺症で多いのが第一関節の突き指による骨折で、「マレッドフィンガー」と呼ばれています。突き指だからといって、けっして軽く考えないように心掛けましょう。

☞ Let's やってみよう
アイスの棒を添え木にする
アイシングのあとは固定させておきます。テーピングをする際は、隣の指と一緒に巻いておくと効果的。アイスの棒を添え木にして、バンソウコウで巻いておいてもいいでしょう。

☒ できないときはここを**チェック!**
突き指にもっとも効果的な治療はアイシングです。氷のうや氷がない場合は、流水にさらしておくだけでも回復の度合いは変わってきます。

コツ No.37 外傷、障害の対処法

そけい部に生じる痛みは内転筋のストレッチで改善

コレが良くなる 太モモの付け根の前部に生じる痛みを、ストレッチで改善する。

痛みが出たら安静が第一 ストレッチが効果的な治療

　太モモの付け根の前部はそけい部と呼ばれ、股間を構成する主要部分として非常に重要な役割を担っています。腹部から下肢に向かう筋群のターミナルとなっており、子どものころは**付着部の弱い筋肉がはがれやすく、急激な筋収縮によって障害が起きることがある**のです。

　痛みが発生した場合の応急処置としては、練習を休み安静にさせることが第一。炎症の症状が出ていれば、適度なアイシングとストレッチによる治療を行わせます。

効くツボ
1. 安静にして保存療法
2. ストレッチで内転筋を柔軟に
3. 両足を合わせて内転筋を伸ばす

効くツボ 1

安静にして保存療法
長時間のアイシングは禁物

サッカーはキック動作や急激な方向転換が多く、そけい部に様々なストレスが加わります。痛みを感じたときは、安静にするなどの保存療法が一般的です。太モモの付け根あたりのアイシングは、体温を奪って体を冷やすことがあります。長時間のアイシングは控えてください。

効くツボ 2

そけい部の治療にはストレッチ
内転筋の柔軟性を高める

炎症が治まってきたら、内転筋群や股関節周囲の柔軟性を得るために、股関節のストレッチを行わせます。両足を広げて立ち、片側に体重を移しながらヒザを曲げていき、反対側の足の内側を伸ばします。足を入れ替えて、必ず左右行わせるようにしましょう。

効くツボ 3

両足を合わせて内転筋を伸ばす
上体を倒すとより効果的

内転筋のストレッチは、そけい部痛の治療に効果的です。あぐらをかき、両足の裏を合わせます。足を手で押さえたままヒザを下げ、内転筋を伸ばします。背筋を伸ばしたまま上体を倒すと、ききめがアップ。内転筋が伸びていることを感じながら、行わせるようにしてください。

☞ Let'sやってみよう
徐々に運動のレベルをあげる

股関節の柔軟性を確保し、歩行、ジョギング、ランニングと徐々に運動のレベルをあげていきます。ダッシュや急な方向転換をしても問題がなければ、軽いボール練習から始めましょう。

☒ できないときはここを**チェック!**

ヘルニアなどそけい部痛には様々な原因が考えられます。ストレッチで柔軟性を高めても改善しないようであれば、医学的な治療が必要になります。

コツ No.38 外傷、障害の対処法

擦り傷、切り傷は ウェットな状態を保って治療する

> **コレが良くなる** 傷口をウェットな状態に保つ「湿潤療法」で、早くきれいに治す。

創傷を治療するときの原則は消毒をしないこと

スライディングをしたり転んだりしたときなど、外的・内的要因によって起こる物理的な損傷は創傷と呼ばれています。サッカーで多く見られるのは、「擦り傷」「裂傷」「切り傷」など。創傷を治療する際の原則は**①止血、②十分な洗浄、③消毒をしない、④傷を乾燥させない**です。

自己治癒能力を最大限に発揮させるためにも、傷口をウェットな状態に保つことが一番大事。一般的な創傷であれば、翌日か数日後には傷口がふさがります。

効くツボ
1. 患部を高くあげ圧迫止血
2. 消毒せずにラップをあてがいテープで固定
3. 救急用品、氷やバケツを確保

効くツボ 1
まずは患部を圧迫止血
患部を高くあげると効果的

出血が多い場合は、すぐに圧迫止血を行います。傷の上に布やガーゼを当て、しっかり患部を圧迫。それでもガーゼに血がにじみ出てくるようであれば、すでに当てているガーゼの上から新しい布を追加して、圧迫を続けましょう。できれば患部を心臓より高くあげてください。

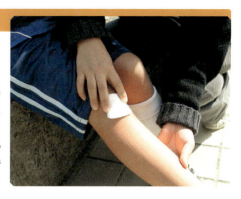

効くツボ 2
傷口は消毒しないこと
ラップをあてがいテープで固定

出血が落ち着いたら、水道水で傷を洗い、異物などを取り除きます。傷を治すための細胞を壊す可能性のある消毒液はなるべく使用しない方がいいです。傷をもう一度拭き取り、ラップやビニール袋を患部にあてがいます。周りをテープで固定し、傷口を密閉して乾燥を防ぎます。

効くツボ 3
用意しておくべき救急用品
氷やバケツの確保も望ましい

試合や練習で傷を負ったときのために、救急用品は必ず常備しておきましょう。ガーゼ、脱脂綿、包帯、バンソウコウに加えて、テーピング用テープやはさみ、三角巾、目薬などは必ず用意しておきます。アイシングに必要な氷やアイスパック、バケツなども確保しておくと便利です。

☞ Let's やってみよう
傷口をウェットに保つ
傷口にあてがったラップやビニールシートは、毎日交換して傷とその周りを水洗いします。ラップやビニールがなければ、アルミホイルでもかまいません。傷口のウェットに保つことが目的です。

⊠ できないときはここをチェック!
小さな傷ならバンソウコウで問題ありませんが、深い傷や広範囲の傷の場合は、異物が見えない場合もあるので、医療機関で受診しましょう。

コツ No.39　外傷、障害の対処法

こむら返りは
ストレッチで応急処置をする

コレが良くなる こまめなストレッチで、強烈な痛みが伴う筋けいれんを予防する。

足先を手で押してもらい
ふくらはぎの筋肉を伸ばす

「こむら返り」とはふくらはぎに起こる筋けいれんのことです。試合や練習中に足がつったときは、筋肉疲労、体液中の水分・電解質の喪失、柔軟性の不足、血行障害、精神的緊張など、様々な要因が考えられます。

応急処置としてはストレッチがもっとも効果的です。パパ・ママ＆コーチが行う際は、筋けいれんを起こした方の足を伸ばし、足先を手で押してふくらはぎの筋肉を伸ばしましょう。痛みが治まるまで続けてください。

効くツボ
1. 足の先をゆっくりと手で押す
2. アイシングで損傷を抑える
3. 水分をこまめに補給

効くツボ 1

ストレッチで筋肉を伸ばす
足の先をゆっくりと手で押す

応急処置をしなければ、痛みはいつまでも残ります。すみやかにストレッチを行いましょう。パパ・ママ&コーチが行うときは、足の先をゆっくりと手で押して、硬直したふくらはぎの筋肉を伸ばします。けいれんを起こした足をあげ、足裏をおなかに当てて押してあげるのも効果的です。

効くツボ 2

筋肉の損傷を抑えるために
氷のうを押し当ててアイシング

筋けいれんによって生じた細かい筋肉の損傷を抑えるために、アイシングをさせましょう。座った状態で氷のうをふくらはぎに押し当てておきます。ただし、筋けいれんによってすでに筋肉の温度は低下しているので、すぐに競技に復帰する場合はストレッチの方が効果があります。

効くツボ 3

試合中に失われる水分は
できるだけこまめに補給する

筋けいれんの原因として、体液中の水分・電解質の喪失があげられます。そのため、ミネラルを十分に含んだスポーツドリンクを摂ることによって、予防にもつながります。試合中は体内の水分が大量の汗とともに失われます。こまめに水分を摂ることを心がけさせてください。

☞ Let's やってみよう
規則正しい生活習慣を

筋けいれんは、睡眠不足や食事の不摂生、精神的な不安やストレスなどが引き起こすこともあります。日ごろから栄養のある食事を摂り、規則正しい生活習慣を身につけさせましょう。

✗ できないときはここを**チェック!**

急に足がつりそうになったら、まずは足を前後に開いてふくらはぎをストレッチ。ふくらはぎを指でもんで、マッサージをするのも効果的です。

コツ No.40　外傷、障害の対処法

骨折の応急処置は添え木で固定して安静に

 コレが良くなる　出血の手当てを行い、骨折部位を添え木で固定して応急処置をする。

**骨折の部位や出血の有無を確認
痛がっているところは動かさない**

　骨折をしたときにすべきことは、何よりも救急車の手配です。

　パパ・ママ＆コーチは「どこが痛いの？」と聞き、骨折の部位や出血がないかを確認します。そのとき、**周囲の血管や神経を傷つけることがあるので、痛がっているところは動かさない**ようにしてください。

　たとえ変形していても、無理に元に戻そうとしてはいけません。添え木で骨折部位の上下の二関節を含めて固定し、安静な状態を保っておきます。

効くツボ
1. タッピングで症状確認後、圧迫止血
2. 添え木はダンボールや新聞紙で代用
3. 安静を保つ

効くツボ 1

タッピングで症状を確認
ガーゼや布で圧迫止血する

骨折の疑いがあるときは、腫れや変形などの症状が見られます。周辺の骨をコツコツとたたいて（タッピング）、骨端に痛みが出れば骨折と考えられるでしょう。傷や出血があれば手当てを行います。患部に付着した土やごみを水道水で洗い、滅菌したガーゼか布を当てて圧迫止血します。

効くツボ 2

添え木で患部を固定
ダンボールや新聞紙を代用する

折れている骨が少しでも動くと損傷は広がります。添え木で患部を固定しましょう。添え木に大切なことは、十分な強度と長さ。添え木が見つからない場合は、ダンボールや新聞紙を丸めて使用してもいいでしょう。固定する前に動かすと、周囲の血管や神経を傷つけるので注意が必要です。

効くツボ 3

ショック症状を起こさないように
安静を保つように心がける

添え木を当てたところは、タオルやビニールで縛って止めておきます。通常は骨折部位の上下の二関節を含めて固定します。内出血や強い痛みでショック症状を起こすこともあるので、安静を保つように心がけましょう。可能であれば、患部を心臓よりも高い位置にあげておきます。

☞ Let's やってみよう
身近なものを添え木にする

添え木代わりになるものは、ダンボール、新聞、傘、座布団など、身近にあるもので使えそうであれば何でもかまいません。骨折部位の上下の二関節が固定できる長さのものを用意します。

☒ できないときはここを**チェック！**

子どもの骨は柔らかく、完全に折れずに若い木の枝が曲がるような『若木骨折』という症状があります。腫れや変形がなくても安心してはいけません。

コツ No.41 外傷、障害の対処法

試合中に起こる貧血を毎回の食事で改善する

 コレが良くなる　鉄分とビタミンCを含む食事を十分に摂り、貧血から身を守る。

鉄分不足が引き起こす貧血 めまいや息切れに要注意

　サッカーに見られる貧血の多くは、鉄分が不足して赤血球の生産が追いつかなくなることで発生する鉄欠乏性貧血です。**貧血は血液の酸素運搬能力を低下させ、体全体の組織や臓器の働きが弱まります。**このため、体がだるい、すぐ疲れるといった症状が現れ、めまいや息切れ、頭痛を訴えることもあります。予防のためにも、偏食を避け、鉄分を多く含む食事を摂らせます。また、ビタミンCを同時に摂れば、鉄の吸収を高めます。

効くツボ
1. 特徴はめまいや息切れ
2. 風通しのいい木陰で横になる
3. 鉄分はビタミンCと同時に摂る

効くツボ 1

体がだるくなったら要注意
めまいや息切れが貧血の特徴

貧血になると、体がだるい、すぐ疲れるといった全身の症状が現れます。また、めまいや息切れ、頭痛、足のむくみなども主な特徴です。皮膚や粘膜に赤みがなくなることもあるので、注意して観察してあげましょう。もし貧血になったら、まずは頭を下げて安静にさせてください。

効くツボ 2

まずは安静が第一
風通しのいい木陰で横になる

貧血の症状が見られたら、風通しのいい木陰などで横にして休ませましょう。寒気を伴うことが多いので、体を温めるためにタオルなどをかけておきます。頭の位置を低くして衣服を緩め、足を高い位置で保つためにタオルやクッションなどを丸めたものを敷いておくといいでしょう。

効くツボ 3

食事で体を改善して貧血予防
鉄分はビタミンCと同時に摂る

食事も練習の一環です。鉄欠乏性貧血を改善するためには、鉄分を含む食事を十分に摂ることが大切です。鉄分は、ほうれん草やパセリ、春菊、小松菜などの青野菜のほか、ごまや大豆などにも多く含まれます。また、鉄分の吸収を高めるにも、ビタミンCと同時に摂るといいでしょう。

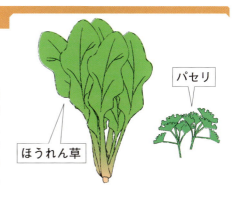

ほうれん草 / パセリ

👉 Let'sやってみよう
脳貧血は頭を低く

たちくらみや失神は、一時的に脳への血流が不足したときに起こる脳貧血です。吐き気や冷や汗、生あくび、顔面蒼白などが主な症状。座らせて上体を前に倒し、頭を低くさせましょう。

❌ できないときはここを**チェック!**

最近では子ども用のサプリメントも市販されています。過剰な摂取は禁物ですが、安全を考慮し、栄養の補助手段として利用するといいでしょう。

外傷、障害の対処法

熱中症のリスクは
こまめな水分補給で回避する

コレが良くなる こまめな水分補給と規則正しい生活で、熱中症を予防する。

汗をかかずに体温があがると危険
睡眠不足などの体調不良も原因

多量の汗をかき、体内の水分が不足して起きるのが熱中症。脈拍や呼吸が乱れ、顔色が悪くなり、めまいやけいれんなどの症状が出ます。**試合や練習中は、30分おきに水分を摂らせましょう。**特に暑い日は15分おき。スポーツドリンクは塩分も補給できるため効果的です。また、熱中症は夏の暑い時期だけに起きるわけではありません。気温だけではなく湿度が高い中で練習しても汗をかかず、体温があがるときは要注意。睡眠不足も大敵です。

効くツボ
1. こまめに水分補給
2. 木陰で寝かせ、アイシング
3. 塩分も補給、運動は控える

効くツボ 1

生命の危険を伴うスポーツ障害
こまめな水分補給を心がける

熱中症は生命の危険を伴うスポーツ障害です。人間の体は運動とともに体温が上昇し、汗をかくことで熱を放出させます。そのため、体内の水分が不足すると、発汗による体温調整ができません。脱水症状を防ぎ、熱中症を予防するためにも、こまめな水分補給が欠かせないのです。

効くツボ 2

木陰で寝かせて安静にする
体温の低下にアイシングも効果的

熱中症かもしれないと思ったら、風通しのいい木陰に移動し、衣服を緩めて横にさせます。氷のうや水で冷やしたタオル、アイスパックなどで、首の後ろやわきの下、足の付け根の前部を冷やしてあげると体温を下げることができます。うちわであおいであげてもいいでしょう。

効くツボ 3

失った塩分を水分とともに補給
再発予防のため運動は控える

汗によって失った塩分も、水分とともに補給します。子どもをヒザの上に乗せて体を起こし、0.1パーセント程度の塩水、もしくはスポーツドリンクを少しずつ何回にも分けて与えてください。症状が回復しても安心しないこと。再発の恐れがあるので、数日は運動を控えさせましょう。

☞ Let's やってみよう
熱射病に要注意
熱中症は「熱疲労」「熱けいれん」「熱失神」「熱射病（日射病）」の総称です。この中でもっとも危険なのが「熱射病（日射病）」。意識を失うことがあり、病院での手当てを要します。

☒ できないときはここを**チェック！**
普段の練習から、のどが渇いたと感じる前に、水分を摂る習慣を身につけさせましょう。熱中症の予防は、適切な水分補給と体調管理が大切です。

Column#04 パパ・ママ＆コーチが心得ておくこと

自分のことは自分でできるように子どもの自立心を育む指導を

　子どもがサッカーから得る楽しい時間、技術の習得や上達、スポーツが好きだという気持ちを尊重してあげてください。サッカーが好きなら、ユニフォームやスパイクも大切にするでしょう。自ら栄養のある食事を心がけ、体調の管理も意識するはずです。

　プロになることだけが、サッカーをする目的ではありません。友達と協力することの大切さを学び、本気の勝負の厳しさを知る。試合に出られなかったとしても、一つのことに打ち込んだことは将来の財産になり、自立心を持った大人へのステップとなるのです。試合の勝ち負けに関係なく、子どもに公明正大な愛情をそそいでください。

　小学生の年代は、まだ完成ではなく、いろいろな可能性があります。中学生にも部活やクラブがあるし、高校や大学で自立心が芽生えることもあります。小学生のうちから親がレールを敷かず、いろいろな選択肢を与えてあげましょう。

　スポーツを通じて将来的なビジョンを自分で描かせる。自立心を持って、自分のスポーツ人生を切り開いていくことが大切なのです。

PART 5

アイシング、食事と睡眠、スパイク…
身近なものから見直す
マテリアル活用法

水分補給、入浴、グラウンド環境からルールとマナーにいたるまで、
サッカー生活に欠かせないものを、ケガ予防の観点から見直してみます。

コツNo. 43 練習後のアイシングで
打撲やねんざのアフターケア ……… 104

コツNo. 44 食べ方の工夫と睡眠で
疲労、集中力低下を避ける ……… 106

コツNo. 45 こまめに水分補給させ
熱中症のリスクを軽減する ……… 108

コツNo. 46 半身浴や温冷交代浴で
疲労を回復させる ……… 110

コツNo. 47 ルールとマナーを知り
サッカーを純粋に楽しむ ……… 112

コツNo. 48 ショルダーバッグは
左右交互にかけ替える ……… 114

コツNo. 49 硬い土のグラウンドは
水をまいて柔らかくする ……… 116

コツNo. 50 スパイク選びのコツは
つま先、横幅、カカトのサイズ合わせ ……… 118

コツ No.43 マテリアル活用法

練習後のアイシングで打撲やねんざのアフターケア

コレが良くなる アイシングの方法を知り、突発的な障害にもすばやく対応する。

ケガの再発を防ぐだけでなく、疲労回復にも効果を発揮

　ねんざや打撲、肉離れは、炎症を抑えるためにも冷やすことが重要です。アイシングを怠ると、回復が遅れることがあるので、日ごろから「痛いところはない？」と気にかけてあげましょう。まずはケガの状態を把握した上で、**10〜20分ほど感覚がなくなるまで氷のうを押し当てます。**一度はなして、感覚が戻ったら再びアイシングを繰り返します。アイシングには疲労回復の効果もあるので、一人でもできるように習慣をつけさせてください。

効くツボ
1. いつでもバケツと氷水
2. 市販の氷のうも活用
3. 繰り返し使えるアイスパック

効くツボ 1

バケツに氷水を張って
練習のあとは足首のアイシング

試合や練習のときは、大量の氷をクーラーボックスに用意してください。氷水を張ったバケツに足を入れておけば、簡易的に足首のアイシングができます。ねんざは再発しやすいので、子どもの足首を触って熱を持っていると感じたら要注意。練習のあとは必ずアイシングをさせましょう。

バケツに氷水

クーラーボックス

効くツボ 2

ケガの応急処置に最適
市販の氷のうでいつでも手軽に

携帯性に優れた市販の氷のうも便利です。使用のとき、袋の中の空気を吸い出して氷の形を整えておけば、患部に密着しやすくなります。ただし、家庭用の冷蔵庫で作った氷は非常に冷たいので注意。患部が凍傷を起こす可能性があるので、水をかけて霜を落としてから使用してください。

氷のう

効くツボ 3

繰り返し使えて経済的
軽くて使いやすいアイスパック

冷熱保持時間が長く、氷と同程度の冷却効果があるアイスパックは、扱いやすくてお手軽。冷凍庫で凍らせれば半永久的に使えるので、非常に経済的です。太モモを打撲したときは、アイスパックを患部に当てたままラップなどで巻いて圧迫しておきましょう。

アイスパック

☞ Let's やってみよう
アイシングの道具を作る

紙コップに水を張って冷凍庫で氷を作ります。固まったら紙コップの底を切り取り、患部に当てて動かせばアイスマッサージの効果があります。痛い部分を局所的に冷やすのに最適です。

✗ できないときはここを**チェック!**

水で濡らしたブロック氷を痛い部分に押し当てて、指で動かしながらマッサージしましょう。それだけでもアイシングの効果は抜群です。

コツ No.44 マテリアル活用法

食べ方の工夫と睡眠で
疲労、集中力低下を避ける

コレが良くなる 栄養のある食事と十分な睡眠で、強くてたくましい体を作る。

食事と睡眠はトレーニングの一部 生活面から子どもをサポートする

　サッカー選手にとって食事はトレーニングの一部です。栄養のある食事を摂らなければ、体のバランスが保てなくなり疲労も蓄積。集中力が低下して、思わぬ大ケガにつながることもあるのです。**好き嫌いをなくし、目的に合った食事を摂るように意識させましょう。** また、睡眠不足でぼーっとしたまま練習をしても、サッカーはうまくなりません。パパ・ママ＆コーチは正しい栄養や睡眠の知識を身につけてください。

効くツボ
1. 疲労を回復する5つの栄養素
2. 当日はおにぎりなど消化のいいものを
3. 8時間以上睡眠をとる

効くツボ 1
疲労を回復するメニュー
5つの栄養素を取り入れる

疲労を回復し、丈夫な筋肉や骨を作るためにも、食事のときは5つの栄養素をメニューに取り入れてください。ご飯やめん類などの主食は脳や筋肉のエネルギー源。たんぱく質を含む肉や魚は、成長過程の子どもに欠かせません。こうした食事の形を習慣づけることが大切です。

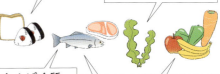

炭水化物
米、パン、めん類、いも類
エネルギー源となる

無機質（ミネラル）
野菜類、海藻類、種実類など体の調子を整えるエネルギー源となる

たんぱく質
肉、魚、卵、豆、豆製品など
血液や筋肉を作る

脂質
油、肉、魚など
熱や力になる

ビタミン
野菜、果物など体の調子を整える

効くツボ 2
試合直前の食事の摂り方
バナナで栄養を補給する

試合の前日はパスタなどの炭水化物でエネルギー源を補給します。当日は消化の早いおにぎりやもちを食べさせましょう。オレンジやグレープフルーツなども一緒に摂れるとベスト。朝食は抜かずにしっかり摂り、試合の開始4時間前にはすませておきます。

効くツボ 3
最高のパフォーマンスのために
8時間以上の睡眠を取らせる

日本人の子どもは世界でもっとも睡眠時間が短いと言われています。生活パターンが夜型になり、夜更かしは当たり前。しかし、睡眠中は多くの成長ホルモンが分泌され、子どもの成長を促進します。最高のパフォーマンスを発揮するためにも、8時間以上の睡眠を取らせましょう。

☞ Let's やってみよう
食べ方を工夫する

疲労が激しいときは、消化液が減り、食欲もなくなっているので、雑炊やリゾットなど消化の良いものを摂りましょう。胃液の分泌をうながす、酸味のきいた酢の物や果物などもいいでしょう。

☒ できないときはここをチェック！

試合前日は、夕食を就寝の3〜4時間前に済ませましょう。良質の睡眠には、誘眠効果のある暖かい蜂蜜入り牛乳を飲むといいでしょう。

コツ No.45 マテリアル活用法

こまめに水分補給させ熱中症のリスクを軽減する

水分補給に関する知識を身につけさせ、熱中症などの障害を防ぐ。

汗で失った水分を補給 自然と給水ができる環境を

汗をかいて体内の水分が失われると、めまいや吐き気、頭痛などを引き起こします。水分の不足によって体重が1〜2パーセント失われるだけでパフォーマンスに影響が出ると言われており、**3パーセント以上失われると、熱けいれんや熱疲労、熱射病のリスクが高まります。**「自由に水を飲みなさい」と言っても、子どもはつい我慢しがち。給水タイムを設けて水を飲ませ、自然に給水ができる環境を整えてあげましょう。

効くツボ
1. 「のどが渇いた」の前に給水
2. 少しずつ分けて飲む
3. 体重を記録、減少は2パーセント以下

効くツボ 1

早めの水分補給を心がける
「のどが渇いた」の前に給水

試合や練習の前はコップ1杯程度の水分を補給しておきます。プレー中もこまめに水分を摂らせ、30分おき（特に暑い日は15分おき）に水を飲ませてください。子どもが「のどが渇いた」と感じたときは、すでに水分を損失している状態です。早めの水分補給を心がけさせましょう。

効くツボ 2

水は少しずつ分けて飲む
スポーツドリンクも効果的

急に水をがぶ飲みすると、胃腸に血液が集中し、筋肉の活動が妨げられる可能性があります。プレー中はコップ1杯程度（200cc）を少しずつ分けて飲ませてください。汗をかいたときは、ミネラル分をバランス良く含んだスポーツドリンクを飲ませましょう。

効くツボ 3

運動の前後で体重を記録する
減少は体重の2パーセント以下

試合の前後に体重を測定して記録を取らせるのも、水分補給を習慣づける一つの方法です。体重の減少は全体重の2パーセント以内にとどめるようにさせてください。それ以上の体重の減少は、脱水の状態です。試合の最後までスタミナを保つためにも、水分の補給は非常に大切です。

☞ Let'sやってみよう
飲む水の温度は？

水の温度は5℃がちょうどいいでしょう。ぬるすぎても冷たすぎてもよくありません。冷たい水を一気に飲むと、体内への吸収が遅くなり、お腹を壊すことがあるので注意しましょう。

☒ できないときはここを**チェック！**

練習後、食事がのどを通らないときなどはバナナジュースや抹茶ミルクなどでカバー。100パーセントオレンジジュースは疲労回復効果があります。

コツ No.46 マテリアル活用法

半身浴や温冷交代浴で疲労を回復させる

> コレが良くなる　入浴の知識を身につけて、リラックスしたお風呂の時間をすごす。

入浴の方法は様々
いろいろ試してお風呂を楽しむ

　練習の疲れを翌日に残さないためにも、リラックスしたお風呂の時間はとても有意義です。入浴は**筋肉中の血液量を増加させ、体内の代謝能力を高め、疲労物質を取り除く効果があります。**37～40℃のぬるめのお湯にみぞおちの下あたりまでつかり、20～30分程度の半身浴がいいでしょう。血液の循環が活発になり、新陳代謝が高まります。半身浴や温冷交代浴など入浴の方法は様々。いろいろと試し、お風呂の時間を楽しませてください。

効くツボ
1. お湯と冷水を交互に浴びる
2. 食事直後の入浴は控える
3. シャワーで温冷交代浴&マッサージ効果

効くツボ 1

お湯と冷水を交互に浴びて、血液を送り出す力を強くする

温 冷交代浴は熱いお湯と冷水を交互に浴びる入浴法です。血管が拡張、収縮を繰り返し、心臓から血液を送り出す力を強くします。施設など温水と冷水の浴槽がある場合は、42℃程度のお湯に3～5分間入り、次に冷水に1～2分間つかります。最後は冷水で終わるようにさせましょう。

効くツボ 2

大切な入浴のタイミング 食事直後の入浴は控えさせる

運 動の前後は、最低でも30分は時間を空けてから入浴したほうがいいでしょう。熱めのお湯の場合は、十分にかけ湯をして、少しずつ体を慣らしていきます。また、食後は胃や腸に血液が集まっており、入浴は消化、吸収の働きを低下させます。食事の前に入浴をするのが理想的です。

効くツボ 3

シャワーを使って温冷交代浴 マッサージ効果でケガを予防

自 宅ではシャワーを使って温冷交代浴を行います。42℃程度のお湯に3分間つかり、浴槽から出て15～20℃の冷たいシャワーを手や足に10秒間かけさせます。マッサージ効果もあるので、ケガ予防にも効果的。心臓に負担がかかるので、循環器系統に心配のある人は避けましょう。

☞ Let'sやってみよう
疲労回復に半身浴が効果的

半身浴は入浴と休憩を交互に行う入浴方法です。始めに下半身だけ42℃程度のお湯に3分間つかり、浴槽からあがって5分間の休憩。これを1セットとして、3セット行わせます。

☒ できないときはここを**チェック!**

入浴後は髪を乾かすことを心がけさせましょう。風邪予防はもちろん、後けい部を冷やし続けると、翌日以降の身体機能に影響を及ぼします。

コツ No.**47** マテリアル活用法

ルールとマナーを知り
サッカーを純粋に楽しむ

コレが良くなる ルールをきちんと理解し、公平でケガのないサッカーを楽しむ。

相手チームの選手も「仲間」
ルールを理解し、レフリーを敬う

相手チームの選手は「敵」ではなく、サッカーを一緒に楽しむ「仲間」です。だからこそ、その仲間を故意に危険にさらすプレーは、絶対にさせてはいけません。**試合が始まる前と終わったときは、ピッチに整列してあいさつをし、お互いに握手をさせましょう。**そうした当たり前の習慣から、相手に対する感謝の気持ちを養います。また、ルールを正しく理解し、レフリーに敬意を払うことも大切。社会教育にもつながります。

効くツボ
1. グリーンカードは前向きな行為の印
2. ルールを理解しケガなく楽しむ
3. レフリーを敬い、試合の前は握手

効くツボ 1

良い行いにはグリーンカード
前向きな行為を習慣づける

1 2歳以下の公式戦では、グリーンカードが導入されています。ルール違反の程度を示すイエローカード、レッドカードに対して、グリーンカードは前向きな行為を認める印。ケガをした選手への思いやりや、意図しないファウルの際に相手への謝罪や握手があれば掲示されます。

効くツボ 2

ルールをきちんと理解して
ケガなくサッカーを楽しむ

正しく安全にサッカーを楽しむためにも、ルールをきちんと理解しなければいけません。ルールはお互いを公平にし、ケガをすることなくサッカーを楽しむために必要なものです。プレーする人は練習の成果を最大限に発揮し、見ている人を楽しませる。それがフェアプレーなのです。

効くツボ 3

大切なのはレフリーを敬う心
試合の前は握手をさせる

レフリーは両チームが公平で安全に試合ができるように、全力を尽くしています。試合の前は握手をして、レフリーを敬う心を持たせましょう。それは、パパ・ママ&コーチにとっても同じこと。レフリーに対する抗議は試合の進行を妨げ、子どもの自立心の成長も阻むことになります。

☞ Let's やってみよう
元気にあいさつする

応援に来た大人や相手チームのコーチ、レフリーにも、元気にあいさつさせましょう。対戦相手にも「ありがとう」と感謝の気持ちを持たせることが、純粋にサッカーを楽しむ心を養うのです。

☒ できないときはここを**チェック!**

サッカーのルールは17箇条しかなく、極めてシンプルです。一度はルールブックに目を通させ、正しくルールを理解させておきましょう。

コツ No.48 マテリアル活用法

ショルダーバッグは左右交互にかけ替える

 コレが良くなる 正しいショルダーバッグの使い方で、肩周辺に起きやすい障害を予防。

同じ側にバッグを持ち続けると体の左右のバランスが崩れる

　ショルダーバッグは道具がたくさん入って非常に便利ですが、**使い方を間違えると首や肩に大きく負担がかかり姿勢が乱れます**。例えばバッグを右側にかけるクセがある人は、右側に傾く姿勢を自然と矯正するために、左側に傾いた姿勢になりやすいのです。左右のバランスが乱れると、頭や肩の位置に違いが出たり、猫背にもつながります。できるだけ交互にかけ替えて、クセをつけさせないようにしましょう。

効くツボ
1. たすきがけは肩こりや頭痛のもと
2. 左右均等に力がかかるリュック
3. 交互にかけ替え、太いベルトを使用

効くツボ 1

バッグのたすきがけは
肩こりや頭痛を引き起こす

ショルダーバッグをたすきがけにしている子どもの姿はよく見られます。しかし、子どもにとって荷物がいっぱいに入ったバッグは重く、首から肩にかけての筋肉に負荷がかかります。肩こりや頭痛を引き起こすことがあるので注意。左右均等に力がかかるリュックタイプがお勧めです。

効くツボ 2

左右均等に力がかかる
リュックタイプのバッグ

リュックタイプのバッグなら左右均等に力がかかります。最近では腰にベルトがついたものもあり、3ヶ所に力を分散できるので、疲労はより軽減できます。ただし、後ろに体重がかかりすぎると猫背を招く要因につながることがあるので、重い荷物を持つときは注意させてください。

効くツボ 3

交互にバッグをかけ替え、
太いベルトを使用する

ショルダーバッグが招く障害を予防する手段としては、交互にバッグをかけ替えること。また、ベルトを太いものに交換することをお勧めします。バッグの中身をできるだけ減らし、軽くすることも大切でしょう。バッグを下ろしたときは、肩周辺の筋肉を動かしてリラックスさせます。

☞ Let'sやってみよう
肩の筋肉をリラックス

荷物を下ろしたときは肩の筋肉をリラックスさせましょう。肩甲骨が中央に寄るように肩をすくめ、すとんと下ろします。両肩を十分に動かして、肩甲骨の動きを意識させてください。

☒ できないときはここをチェック!

ベルトの幅が狭く、首や肩に負担がかかるようであれば、ベルトが肩に当たる部分にタオルなどを挟んでクッション性を保たせましょう。

コツ No.49 マテリアル活用法

硬い土のグラウンドは 水をまいて柔らかくする

 コレが良くなる 土のグラウンドを柔らかくして、シンスプリントなどの障害を予防する。

安全なプレー環境を整えて足腰にかかる負担を軽減する

日本の土のグラウンドは硬く、腰やヒザなどに負担がかかります。スネの内側に障害を起こす**シンスプリントは、硬いグラウンドでの長時間のランニングが原因にあげられます**。また、GKも安心してボールに跳びつくことができず、技術向上の妨げになります。グラウンドを柔らかくするために、練習前は均等に水をまいておきましょう。砂ぼこりも抑えられます。子どもたちが楽しくサッカーができる環境を整えてあげることが大切です。

効くツボ
1. トンボで整備し、水をまく
2. 人工芝で技術の習得
3. クッション性が高まった人工芝

効くツボ 1

トンボでグラウンドを整備し、水をまいて柔らかくする

土のグラウンドを整備する道具に、トンボがあります。軽く土を掘り起こしたあとは、平らな面を使って慣らしておきます。よりグラウンドを柔らかくするために、水たまりができない程度に均等に水をまいておきましょう。子どもも思い切ったプレーができるようになります。

効くツボ 2

人工芝は技術の習得に最適 子どもの集中力も高める

人工芝は土のグラウンドに比べてボールの転がりが速く、テクニックを存分に発揮することができます。普段よりもすばやい判断が求められ、子どもの集中力を高める利点もあります。足腰の負担を和らげるために、ゴム底やスタッドの多いスパイクを選ぶことも手段の一つです。

効くツボ 3

クッション性が高まった人工芝 安全にサッカーを楽しませる

フットサル場に多い人工芝のグラウンド。以前は芝が短く足腰にかかる負荷も大きかったのですが、最近では粒上のラバーチップが敷き詰められており、クッション性が高くなっています。転んだときに摩擦で起こるやけども軽減され、安全にサッカーを楽しむことができます。

☞ Let's やってみよう

トレーニングシューズもお勧め

硬い土のグラウンドでスパイクを履くと、腰やヒザにかかる負担も増します。サッカーを始めたばかりの子どもには、ゴム製のアウトソールを使用したトレーニングシューズがお勧めです。

❌ できないときはここを**チェック!**

芝生は土に比べて、温度上昇を抑制する働きがあります。また、転んでも痛くないため外で遊ぶ子どもが増え、心身にプラスの影響を与えています。

コツ No. 50 マテリアル活用法

スパイク選びのコツは
つま先、横幅、カカトのサイズ合わせ

コレが良くなる 正しいスパイクの選び方を知り、足に生じるスポーツ障害を予防する。

最大のポイントはサイズ 足に合ったスパイクを選ぶ

　サッカーは足でボールを扱うスポーツです。他のどんな競技よりも、スパイク選びはとても重要。体の一部になれば大きな武器になりますが、一方で、**間違った認識で選ぶと、足に負担がかかり大きなケガを引き起こすことがあります。**ポイントは何といってもサイズです。つま先、横幅、カカトの3点を確認し、自分の足にフィットしたスパイクを選ばせてください。正しいスパイクの選び方を知って、足腰のケガを予防させましょう。

効くツボ
1. 大き目は買わない
2. 硬いヒールカップで固定
3. 低学年はゴム底を

効くツボ 1

ポイントはつま先、横幅、カカト「成長するから大きめ」はNG!

サイズのポイントは、つま先、横幅、カカトの3点です。試着のときは、カカトをあわせて履き、ヒモをきちっと締め、その場に立たせます。その状態で先端のスペースが5㎜〜8㎜余る程度が目安です。すぐに成長するからといって大きめのサイズを買うのはよくありません。

横幅
つま先

効くツボ 2

硬いヒールカップでカカトをしっかり固定する

ヒールカップと呼ばれる硬い素材で、しっかりとカカトを固定してくれるものを選んでください。また、シューズが屈曲するポイントが足同様に母指球付近になっている靴を選んでください。屈曲ポイントが足に合わないと、筋肉や腱を痛める可能性があるので注意してください。

カカト
屈曲するポイント

効くツボ 3

低学年にはゴム底がお勧め足への負担が少ないものを選ぶ

ジュニア用のスパイクには、様々な形のスタッドがあります。筋肉が完全に生成されていない低学年の子どもには、足にかかる衝撃が少ないゴム底のスタッドがお勧め。また、マルチスタッドと呼ばれるスタッドの本数が多いスパイクも、衝撃を拡散して足にかかる負担を軽減させます。

☞ Let'sやってみよう
こまめに手入れをする

スパイクを長持ちさせるには、こまめな手入れがいちばんです。使い終わったらヒモを全部解いて、風通しのいい日陰に干しておきましょう。乾いたら汚れ落とし用のクリームを塗っておきます。

✗ できないときはここをチェック!

デザインにとらわれないスパイク選びを心がけましょう。天然皮革に比べて人工皮革の靴は手入れが簡単なので、初めてのスパイクにはオススメ。

巻末特集 1

ケガ予防に効果的な
バランスボールを使ったトレーニング

体のゆがみを直して、ケガを予防する体を作ります。
多くの筋肉が連動して働くため、疲労回復にも効果的です。

両手を広げて両足をあげバランスを保つ

ボールの中心に座り、両手を広げて両足を地面からはなし、20～30秒、またはそれ以上バランスをキープさせます。

基礎的運動能力を向上させるツールにバランスボールがあります。一度にいろいろな筋肉を連動して使うため、全身のコーディネーション能力を養うこともできます。バランスボールの大きさは、座ったときにヒザの角度が90度になるものを選びましょう。

片足でバランスを保つ

ボールの中心に座り、両手を広げて片足を地面からはなします。右写真のように、開いた両手が傾かないように注意。20～30秒、またはそれ以上バランスをキープさせます。

体軸の安定性を養う

両足をそろえて地面につけ、ボールにヒジをつきます。おなかをまるめるようにしながら20〜30秒バランスを取ります。慣れてきたら片足で行っても良いでしょう。右のように腰をそらせないようにしてください。

ボールの上に乗って重心のコントロール

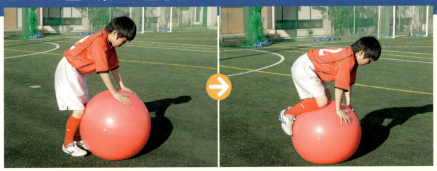

両手と両ヒザをつけて、ボールの上に乗ってみましょう。難易度が高いため、優れたバランス感覚が求められます。20〜30秒行い、それ以上もできれば続けましょう。

軸足の安定力と股関節の柔軟性を養う

足を後ろに伸ばしてボールの上に乗せ、パートナーに押さえてもらいます。両手を上げたまま、ヒザを曲げてボールを押しつぶすように下半身を沈ませましょう。これを8〜10回行います。

巻末特集 2
ケガ予防に効果的な ミニハードルを使ったトレーニング

サッカーでは相手の動きに対応するため、足の運び方が非常に大事。正確なステップを習得し、ケガのリスクを軽減させます。

正面に向かって歩く

両手を広げて体を正面に向け、まっすぐ足を上げて一つずつハードルをまたいでいきます。片足ずつ、2〜3回行わせるようにしましょう。

足を外から内に向けて歩く

足を外に開いた状態から、正面に向けて前に進んでいきます。体を正面に向けたまま、2〜3回リズム良く行わせてください。

足を内から外に開いて歩く

体を横向きにし、進行方向に向かって前の足でステップを踏みます。内から外へと足を開くようにして横向きに進んでいきます。2～3回行わせて下さい。

遠い方の足でハードルをまたぐ

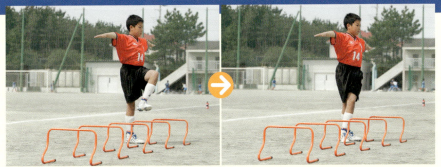

今度は逆に、進行方向に向かって後ろの足でステップを踏みます。体を横に向けたまま、足を外から内へ閉じるようにしてハードルをまたいでいきます。2～3回行わせて下さい。

後ろ向きに進む

進行方向に背を向けたまま、足を開くようにしてハードルをまたぎます。ヒザの角度が90度になるくらい、足を上げさせ、これも2～3回行わせましょう。

巻末特集 3
自分だけのサッカーノートを作る

考える力を養うために大切なのがサッカーノート。
思ったことを自由に書いて、サッカーの上達に役立てます。

- 試合や練習があった日時や場所、天気などを書いておけば、あとで振り返ったときに役立ちます。

- 試合のあとはチームとして良かった点や今後の課題を書かせます。チームの中での自分の役割を考えさせるときにいいでしょう。

- 個人として良かった点や今後の課題を書かせます。自分の持ち味に気付き、逆に足りないところは今後の課題として反省させます。

- 自分の目標を明確に掲げ、それを達成させるためには何が必要かを考えさせます。

```
　　　　　年　　月　　日　天気
場所
VS

チームのパフォーマンス
よかった点　　　：　　課題点

自分のパフォーマンス
よかった点　　　：　　課題点

サッカーの夢　　　｜　夢を実現させる
　　　　　　　　　｜　ためにやるべきこと

そのほかに気づいたこと
```

子どもの考える力を養うためにも、サッカーノートをつけさせましょう。練習や試合で感じたことを書き留めておくことによって、自分の考えが整理され、新たな気付きを得るきっかけになります。コーチのアドバイスが吸収しやすく、チームメイトとコミュニケーションを図るうえでも効果的。サッカーの上達にもつながります。

> ⚠️ **注意点**
> この書き方はあくまでも参考です。サッカーノートは丁寧に書くことが目的ではなく、書き続けることが大事。試合前に読み返したときに、新たな発見があればパフォーマンスにもつながります。何を書けばプラスになるのかは人それぞれ。どんな内容でもいいので、思いついたことを自由に書かせ、考える力を養いましょう。

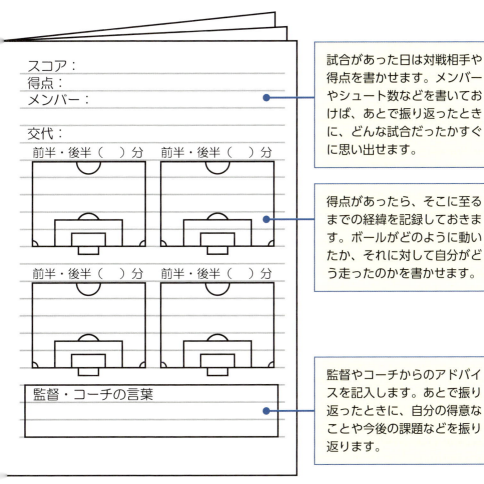

試合があった日は対戦相手や得点を書かせます。メンバーやシュート数などを書いておけば、あとで振り返ったときに、どんな試合だったかすぐに思い出せます。

得点があったら、そこに至るまでの経緯を記録しておきます。ボールがどのように動いたか、それに対して自分がどう走ったのかを書かせます。

監督やコーチからのアドバイスを記入します。あとで振り返ったときに、自分の得意なことや今後の課題などを振り返ります。

Junior Soccer

おわりに

　「走る」「跳ぶ」「押す」「引く」などは、子どもが自然に覚える基本動作です。これらのような動きが組み合わさって、ヒトは「つかんで投げる」「走って跳ぶ」といった運動を意図的に行うことができるのです。すべてのスポーツで、基本動作の向上は欠かせません。こうした体の機能性を高めることで、筋肉の柔軟性や関節可動域、動作効率を高め、体の安定性やバランス能力といった基礎的運動能力が養われます。ケガを抱えたまま専門的なトレーニングを行っても効果はありません。

　本書では楽しみながら体の基礎的運動能力を高められるトレーニングを紹介しました。子どもの基礎的運動能力の低下によって起こるケガのリスクを軽減し、サッカーは楽しいスポーツだということを伝えるのがパパ・ママ＆コーチの役目。体の機能を整えれば、パフォーマンスの向上にも役立ちます。子どもの心と体がバランスよく成長するように見守り、健全な育成を心がけましょう。

　この本を通じて、子どもが少しでもサッカーを好きになってくれることを願っております。

監修

金子憲一
（かねこけんいち）

1978年生まれ。徳島文理大学総合政策学部総合政策学科講師
日本体育大学大学院体育科学研究科体育科学専攻博士前期課程修了、現在、日本体育大学大学院体育科学研究科博士後期課程研究生。専門分野は、トレーニング科学，スポーツバイオメカニクス，発育発達学。高校時代はインターハイ第3位、全国高校サッカー選手権大会準優勝などを経験。日本サッカー協会公認A級ジェネラルコーチライセンス、特定非営利活動法人NSCAジャパン（日本ストレングス＆コンディショニング協会）認定ストレングス＆コンディショニングスペシャリスト。

撮影に参加してくれたお友だち

NPO法人・ソルコリーナFC
練馬区を中心に小学生・中学生の育成を目的とした、日本サッカー協会承認のクラブチーム。
サッカーを通じて健全な心身の育成を目指している。
URL：http://solcolina.hp.infoseek.co.jp

STAFF

監修
金子憲一

取材　執筆
岩本勝暁

撮影
魚住貴弘

デザイン
沖増岳二

編集
ナイスク（http://naisg.com/）
松尾里央／岸 正章／所 貴美子／山本文隆

協力
船渡和男　進藤正幸　大竹浩一　永田純恵　袴田智子　宿谷昴介
ソルコリーナFC
練馬フットボールパーク
株式会社日本ユニテック スポーツ事業部
浅草橋パフォーマンス

少年サッカー ケガ防止マニュアル
体づくりで差がつく50のコツ

2019年6月15日　第1版・第1刷発行

監修者　　金子　憲一（かねこ　けんいち）

発行者　　メイツ出版株式会社

　　　　　代表者　三渡　治

　　　　　〒102-0093 東京都千代田区平河町一丁目 1-8
　　　　　TEL:03-5276-3050（編集・営業）
　　　　　TEL:03-5276-3052（注文専用）
　　　　　FAX:03-5276-3105

印　刷　　株式会社厚徳社

●本書の一部、あるいは全部を無断でコピーすることは、法律で認められた場合を除き、著作権の侵害となりますので禁止します。
●定価はカバーに表示してあります。
©ナイスク,2009,2019.ISBN978-4-7804-2198-9C2075 Printed in Japan.

ご意見・ご感想はホームページから承っております。
メイツ出版ホームページアドレス　http://www.mates-publishing.co.jp/
編集長：折居かおる　副編集長：堀明研斗　企画担当：大羽孝志／千代 寧

※本書は2009年発行『パパ・ママ＆コーチが必ず知っておきたい！ 少年サッカー ケガ防止のコツ50』を元に加筆・修正を行っています。